さりげなくホスピタリティ

ホスピタリティコンサルタント
キャリアコンサルタント
井口 晴雄

三恵社

はじめに

―― 本書を手にとってくださった方へ ――

皆さんは、２０１３年にアルゼンチン・ブエノスアイレスで開かれた、２０２０年夏のオリンピック・パラリンピック開催地を決めるＩＯＣ（国際オリンピック委員会）の総会で、アンバサダーとして東京招致へのプレゼンテーションを行った、滝川クリステルさん（フリーアナウンサー）の言葉を覚えているでしょうか。

日本の伝統である、「お・も・て・な・し」をフランス語でアピールし、東京招致への実現に大きく貢献しました。そして、このフレーズは世界中に広まり、２０１３年の「新語・流行語大賞」の年間大賞を受賞しました。

この「おもてなし」という言葉は、一般的にホスピタリティと同義語とされ、今では観光関連産業をはじめ、様々なフィールドでその言葉が飛び交うようになりました。

この本は、「おもてなし」を経営基盤とする観光ビジネスなどを志す人はもとより、広く世間一般の方にも読んでいただくため、「ホスピタリティとは具体的にどういうものなのか」、「世の中にはどのようにホスピタリティが介在しているのか」といった、基礎的な知識を中心に分かりやすく解説しています。

そのため幾つもの事例を取り入れたり、難しい表現や専門的な言葉を極力避けるなどして、読者が無理なく最後まで読み通せるよう配慮しています。

つまり、この本には既に著者と読者との間にホスピタリティが介在しているのです。

この本を通して、ホスピタリティとは特別なものではないこと、そして既に誰もがホスピタリティに直面しており、更には実践者になっていることを知っていただきたい。

読者の皆様には、日常生活の中に介在している多くのホスピタリティに気づき、あなたならではの「心温まるホスピタリティの創造」に芽生えていただくことを心より願っています。

ホスピタリティは人に喜びや幸せを与えるだけでなく、あなたの「喜びと幸せに満ちた人生」にもつながっています。

そして、ホスピタリティ溢れる人がもっと増えれば、きっと世の中は――もっと、もっと――生きやすく幸せな世界へと変わるはずです。

令和元年9月

目次

第1章　「さりげなくホスピタリティ」へ入門

◎ホスピタリティの理解と基礎知識

第2章

家族はホスピタリティのスペシャリスト集団

第3章
ホスピタリティの現状と課題

ホスピタリティ体験事例集

洋食系ファミリーレストラン

味が評判のうどん屋さん

第4章

満足のいくホスピタリティを実践するためには

第5章

あまり知られていない「感動を呼ぶおもてなし」

第6章
「おもてなし上手」な人のコンピテンシーとキャリアデザイン

第7章
観光ビジネスの市場拡大とホスピタリティ教育

第8章

世の中がホスピタリティに満ち溢れていく♪

第1章

「さりげなくホスピタリティ」へ入門

ホスピタリティの理解と基礎知識

ホスピタリティ教育の混乱「定義と解釈」

近年では、大学や専門学校、また一般社会人を対象とした教育機関などにおいてもホスピタリティ教育に取り組むところが増えてきた。

しかし、こういった教育機関ではホスピタリティの概念や定義、またその解釈についても其々微妙に異なった言葉で表現している。

狭義の説明では、「心のこもったおもてなし」、「歓待」、「気づかいや思いやり」などの表現が主となっているが、広義の解釈ではその教育機関ごとに様々な言葉が装飾され、中には意味を穿《は》き違えてしまうような危険性を感じるものまで存在する。

内閣府特定非営利法人・日本ホスピタリティ推進協会では、「ホスピタリティとは、人が人に対して行ういわゆる〝おもてなし〟の行動や考え方である」としており、「ホスピタリティ」と「おもてなし」を同義語として位置づけている。これは、他のホスピタリティ教育の取り組みを行っている団体や大学などの教育機関においても同様である。

一方で、専門家などによるホスピタリティの解説に至っては、学術的で論理性の高い内容のものが多く、その評価は尊敬に値する。

しかしその反面、我々のような研究者でなければとても理解できない複雑な表現のものも多い。

そして、この専門家によるホスピタリティの解説を十分に理解しないまま、其々の教育現場へ持ち込んでしまう指導者も増えてきたことが懸念される。

その中には、ホスピタリティの本質的なものを見失っていたり、サービスの概念と混同してしまっているものさえあり、結果的に専門家の解説内容からは大きくかけ離れている。

近年、実際の教育現場で交わされた言葉の幾つかを紹介する。

(1)「感動を呼ぶホスピタリティとは客の期待以上のサービスである」

(2)「ホスピタリティの定義は人や環境によって変わっていく」

(3)「警備員や現場作業員などにホスピタリティ精神は必要ない」

(4)「ホスピタリティは接客を伴うサービス業の専門用語である」

これらの言葉を皆さんはどう感じただろうか。

広義での解釈や説明においては、その指導者や教育機関によって様々であり、また一定の表現に統制されるものではないため、著者はこれらの言葉を否定するつもりはない。しかしその一方で、ホスピタリティの説明としては学習者を混乱させる可能性のあることを危惧している。

⑴の説明においては、学習者がホスピタリティとサービスの概念を混同してしまう危険性がある。「期待以上のサービス」ではなく、「期待を上回るおもてなし」と表現した方が学習者には理解しやすいのではないだろうか。

⑵の説明に関しては、とても容認することはできない。ホスピタリティの定義がそんなにころころ変わっては、それこそ学習者が混乱に陥るからである。変わるのは定義ではなく、後に説明するホスピタリティの「資源要素」とすれば理解できる。

⑶の説明においては、いささか憤《いきどお》りを感じる。第3章の「ホスピタリティ体験事例集」でも紹介するが、著者がよく利用するスーパーには売り場のどの店員よりも「おもてなしの心」を持ち、多くの買い物客から信頼され、更に感動までを与える警備員がいるのである。

⑷の説明に関しては、非常に残念と言わざるを得ない。著者が最も心配していたことだからである。ホスピタリティとは接客を伴うサービス業だけの専門用語ではなく、医療や福祉の現場などでも使われる言葉であり、また身近な日常生活の中においても多く介在しているものなのである。

このように教育機関によってホスピタリティの解釈や説明が様々な中で、これから新たに学習しようとする人々が、どこまで真のホスピタリティを理解することができるだろうか。学習しようとしたけれど、「結局何だかよくわからない」、「先生によって説明が違う」といったような印象や不信感を持ってしまい、その結果、ホスピタリティという言葉から放れてしまう人も少なくはない。

観光ビジネスやホスピタリティ教育に関する学部や学科を設けている大学では、「ホスピタリティ論」、「ホスピタリティマネジメント」といった科目を通して、ホスピタリティの概念や基礎知識を中心とした教育を行っている。

しかし、これからサービス業や観光ビジネスへの就職を志望する学生にとっては、「どのようにすればゲストが満足するホスピタリティを実現できるのか」、「どのようなスキルを身に付けていく必要があるのか」といったような、実践の場で活かされる具体的な教育内容に今一歩踏み込んで貰いたいと願うところではないだろうか。

ホスピタリティ関連の資格取得を目的とした団体も存在するようになった。日本ホスピタリティ推進協会では「ホスピタリティコーディネーター」、ホスピタリティバンク研究所では「ホスピタリティプロフェッショナル」などの認定資格が設けられ、また資格取得のための養成講座も開催している。

更に、日本ホスピタリティ検定協会では、検定試験に特化した取り組みを行っており、希望者であれば誰でも受験できる「ホスピタリティ検定」を設けている。

このように我が国のホスピタリティ教育も年々発展しており、著者としても喜ばしい限りである。

ホスピタリティってなんだろう…？

読者の皆様には、この本を通してホスピタリティとは決して難しいものではなく、また特別なものでもないことを知っていただきたい。

そして、限られた業界や空間のみに介在するものではなく、実は我々の日常生活の中にこそ多く介在するものであることに気づいていただきたい。

つまり、ホスピタリティは誰もが日々の生活の中で直面しているものであり、気づかないうちに人から受けていたり、無意識に実践しているものなのです。

皆さんは、ホスピタリティとは具体的にどういうものだとお考えだろうか。

先にも述べたように、ホスピタリティとは一般的に、「心のこもったおもてなし」、「歓待」、「気づかいや思いやり」などと説明され、少し解釈を広げると実に様々な言葉で表現されている。

私は世間一般の人にホスピタリティを説明する際には、「心のこもったおもてなし」

に続いて、「ちょっとした気づかいや思いやりで人をもてなすこと」と付け加えている。

世間一般の人に、「心のこもったおもてなし」や「歓待」との説明だけでは、サービス業や観光ビジネスといった接客に携わる人だけの特別なキーワードとして認識してしまう人が実に多いからである。

「ちょっとした気づかいや思いやりで人をもてなすこと」と付け加えることで、誰もが日々の生活の中でホスピタリティに直面していることに気づき、決して特別なものではないということが理解されるようになる。

そして、ホスピタリティを理解してくださった人々には、どんなことでもいいから自分にできるホスピタリティを考え、日々の生活の中で行動に移すよう促している。

次に、「ホスピタリティ・マインド」という言葉もよく耳にする。

ホスピタリティ・マインドとはホスピタリティ精神のことであり、その意味は「おもてなしの心」である。

特にサービス業や観光ビジネスなどの、接客を伴う場においてよく飛び交う言葉である。

そして、この「ホスピタリティ・マインド」を高めることで、従業員の接遇能力が向上し、ゲストを満足に導くための「質の高いおもてなし」を実践できるようになると言われている。

また、高齢社会が加速している我が国においては、病院や介護施設などをはじめ、社会全体でこのホスピタリティ精神が広く求められるようになり、「お年寄りを労る心」、「人を支え合う気持ち」などが非常に貴重なものになっていくと著者は考えている。

サービスとホスピタリティの違い

サービスの語源は、ラテン語の「ｓｅｒｖｕｓ・セルウス＝奴隷」である。この言葉から派生して、英語のｓｌａｖｅ（奴隷）、ｓｅｒｖａｎｔ（召使い）、ｓｅｒｖｉｃｅ（奉仕）という言葉に発展したと言われている。

また、サービスはサービスを受ける立場が〝主〟であって、サービスを提供する側は〝従〟であり、「主従関係」がはっきりしている。

一方、ホスピタリティ（ｈｏｓｐｉｔａｌｉｔｙ）の語源は、ラテン語の「ｈｏｓｐｅｓ・ホスペス＝客人等の保護」から派生したものである。

この「ホスペス」とは昔、巡礼の旅に出かけた人を保護し、修道院などで〝手厚くもてなした〟ことを指す言葉であった。

長い巡礼の旅の途中で、飢えや病気などで倒れた旅人を現地の人たちが修道院などで保護し、看護を施したり、無償で飲み物や食べ物を差し出したり、また宿泊施設を提供するなどして〝手厚くもてなした〟ことに由来していると言われている。

このように、サービスとホスピタリティは語源的に大きな違いのあることが分かる。

また、サービスには「主従関係」があり、それに対してホスピタリティは、人を「対等の立場」として尊重しているという前提が確認できる。

因みに、ホテル（ｈｏｔｅｌ）や病院（ｈｏｓｐｉｔａｌ）も、ホスピタリティの語源である「ｈｏｓｐｅｓ・ホスペス＝客人等の保護」から派生し、発展した言葉である。

ホスト（HOST）とゲスト（GUEST）の概念

ホスピタリティは、ホストとゲストの関係があってこそ介在するものである。

このホストとゲストについての理解度を確認するため、サービス業や観光ビジネスへの就職を希望する大学生にその関係性の説明を求めた。すると幾つかの例を挙げながらも、おおよそ同じような回答を得た。その内容として多かったのが、ファミリーレストランやコンビニエンスストア、またホテルやテーマパークなどを例にとり、「入店してきたお客様がゲストで、店のスタッフがホストです」、「ホテルの宿泊客がゲストで、ホテリエなどの従業員がホストです」、「ディズニーでは入園者がゲストで、パーク内のキャストがホストです」などの回答が主であった。

確かにそれは間違いではない。しかし、それだけでは例に挙がったサービス業や観光ビジネスなどの接客を伴う場にしか、ホストとゲストの関係が成り立たないと受け止めてしまう危険性がある。

ホストとゲストの関係は、そのような限られた場でしか成り立たないものでは決してない。ホストとは自分自身であり、ゲストとは自分に関わりのある全ての人であることを知っていただきたい。

つまり、ただ同じ場所に居合わせただけの人や、たまたま会話をした見知らぬ人であっても、自分にとってのゲストと成りうるのである。

例えば、同じ電車やバスに乗り合わせた人、散歩でときどき顔を合わせる人、映画館で隣に座った人など、このような場合であっても既に自分との関わりが生じており、席を譲ったり、軽く挨拶をしたり、また相手が子供であればお菓子をあげたりすることもできる。

このように自分の意識や行動次第で、周りの全ての人がゲストと成りうるのである。

家を訪ねてきた人などは言うまでもない。

皆さんも思い出して欲しい。家に誰かが訪ねてきてチャイムを鳴らしたとき、「あッ、お客さんだ！」と言いながら玄関へ向かったことはなかっただろうか。

そのお客さんは、ただ何かの用事で家を訪れただけであり、決してレストランやホテルの客のように利害関係がある訳でも何でもない。しかし、ホストとゲストの関係においては、このチャイムを鳴らした訪問者が紛れもなくゲストであり、玄関に向かったあなたがまさにホストであることをぜひ理解していただきたい。

次の簡単な事例で、ホストとゲストの関係やホスピタリティの介在を説明したい。

――あなたが公園のベンチで寛いでいるとする――

そこに、何やら旅人らしき外国人が地図を片手に道を尋ねてきた。

恐くあなたは、知っている限りの知識をもとに地図を指でなぞりながら説明したり、近道がないかを考えたり、また手で方向を示したりしてできるだけ分かりやすく教えようとするのではないだろうか。

この例でのホストとゲストの関係も明確であり言うまでもないが、旅人に対して懸命に道を教えようとするあなたには、既に〝客人を手厚くもてなす〟といった、立派な「ホスピタリティ精神」が芽生えているのである。

ホスピタリティ資源の主な要素
〔人的要素　物的・機能的・環境的要素　創造的要素〕

ホスピタリティという言葉は、ホテルなどの高度な接遇を重んじる観光ビジネスの現場でよく飛び交い、また非常に重要視されているものである。

しかし、このような場でのホスピタリティは、直接ゲストと対面して実践されるものだけではない。

ホテルでは、ゲストが快適に過ごすために必要となる設備やアメニティグッズなどの「物的資源」、フィットネスジムやビジネスセンターといった客のニーズに応えた「機能的資源」、客室の安全性や清潔感などの「環境的資源」、また様々な商品プランやイベントなどの「創造的資源」を介したホスピタリティもある。

そして、これらの資源要素が幾つも交じり合うことで、客を満足に導くための多才で充実したホスピタリティが実現されるのである。

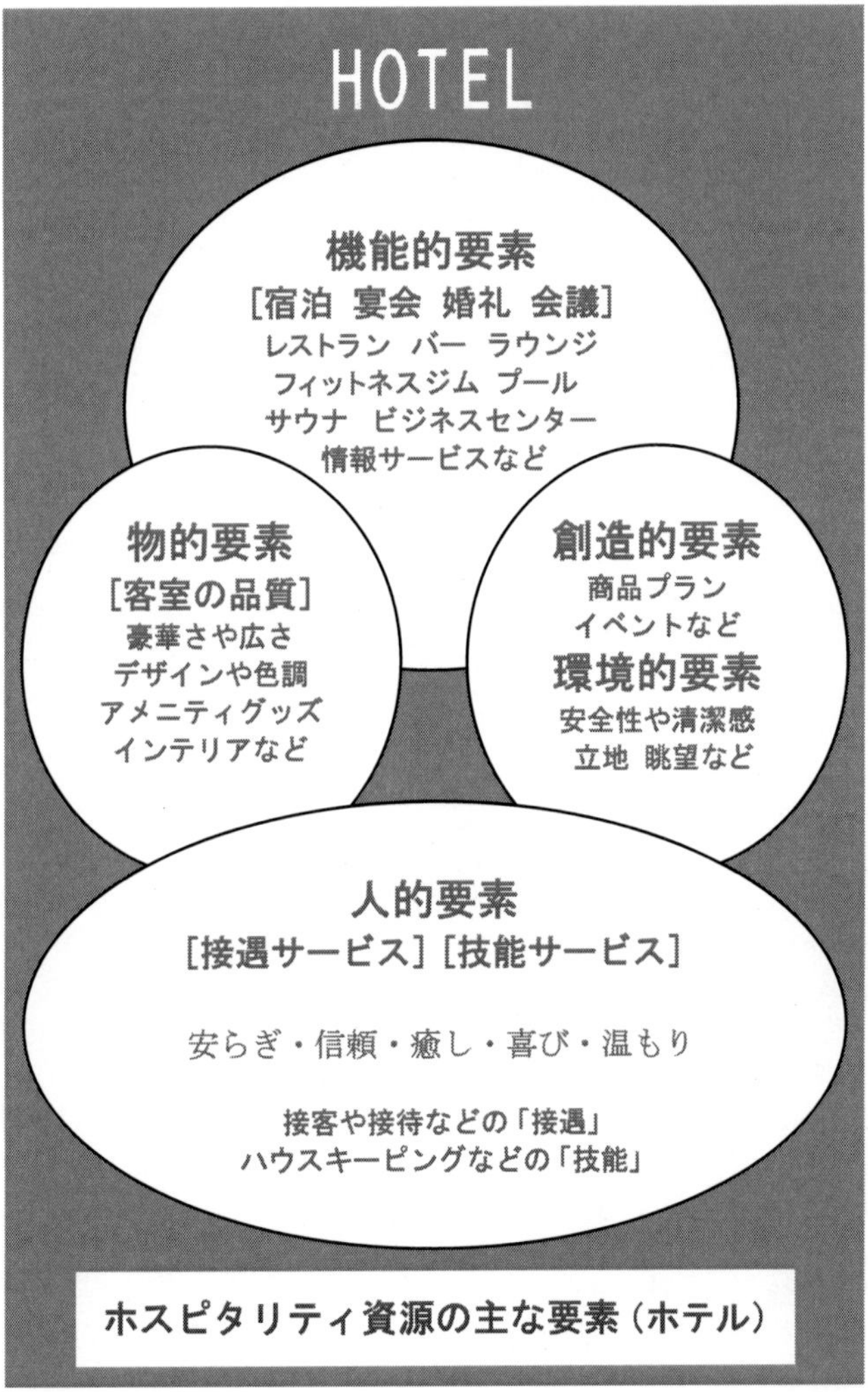
HOTEL
機能的要素
[宿泊 宴会 婚礼 会議]
レストラン バー ラウンジ
フィットネスジム プール
サウナ ビジネスセンター
情報サービスなど
物的要素
[客室の品質]
豪華さや広さ
デザインや色調
アメニティグッズ
インテリアなど
創造的要素
商品プラン
イベントなど
環境的要素
安全性や清潔感
立地 眺望など
人的要素
[接遇サービス][技能サービス]
安らぎ・信頼・癒し・喜び・温もり
接客や接待などの「接遇」
ハウスキーピングなどの「技能」

ホスピタリティ資源の主な要素（ホテル）

「人的要素」

人的要素とは、まさに人を介して実践されるホスピタリティ資源のことである。

しかし、決して接遇サービスなどの「おもてなし」だけではない。人の技能サービスによる「おもてなし」も人的要素に当たる。

そして、この人的要素は皆さんの家庭の中でも数え切れないほど多く介在しているものであることに、ぜひ気づいていただきたい。

例えば、家に帰ればすぐに入れるようお風呂が沸かしてあったり、すぐに食べられるよう食事が用意されていたり、また部屋の隅々まできれいに掃除されていたりする。

これは、あなたを思いやる家族の愛情から創出されるホスピタリティの賜物であり、当たり前のように日々繰り返されている、「心のこもったおもてなし」なのである。

実はホスピタリティの第一人者と言われるホテル業界においても、この家庭で行われているホスピタリティを目指し、ゲストが家に居るときと同じくらい快適に過ごせるよう研究を重ねているのだ。

ホテルには家族に代わる幾つもの係がある。到着するとエントランスからロビーまで荷物を運んでくれるドアマンやポーター、部屋まで案内してくれるベルボーイやベルガール、どんな要望にも迅速に対応してくれるコンシェルジュ、レストランではシェフやウェイターが其々の職務を通して、「心のこもったおもてなし」を実践している。

また、ゲストと顔を合わせることは少ないが、高度な技能によるルームメイク（客室の清掃や寝具のセット）や、ランドリーサービス（洗濯）などのハウスキーピングスタッフも同様である。


このようにホテルでは、人を介した「おもてなし」が多く展開されており、ホスピタリティ精神豊かで高度な接遇能力や技能を持ったスタッフが人的資源となっているのだ。

そして、この人的資源は最も重視されるものであり、ゲストの満足度に大きく関わっているホスピタリティの要素なのである。

「物的・機能的・環境的要素」

物的・機能的・環境的要素とは、先にも述べたようにホテルを例にとると、ゲストが快適に過ごせるよう設けられた備品、装飾品、アメニティグッズ、消耗品などの「物的資源」、ビジネスセンター、情報サービス、フィットネスジム、プール、サウナといった客のニーズに応えた「機能的資源」、ホテルの立地や眺望、客室の安全性や清潔感などの「環境的資源」のことである。

このように物や機能、そして環境を介した「おもてなし」もホスピタリティの資源要素となっているのだ。

次頁にホスピタリティと語源的に関係性の深い、病院（ｈｏｓｐｉｔａｌ）も例にとり、物的・機能的・環境的要素と成りうる項目を幾つか取り上げた。

■物的・機能的・環境的要素の例

【ホテルの具体例】
「物的」 ◇部屋の品質（備品・広さ・アメニティグッズなど）
「機能的」◇コンシェルジュデスクやビジネスセンターの設置
「機能的」◇プールやフィットネスジムなどの併設
「機能的」◇ルームサービスやランドリーサービス
「環境的」◇安全性や清潔感　立地や眺望

【病院の具体例】
「物的」 ◇高度先進医療機器や入院施設の充実（ベッドなど）
「物的」 ◇壁のデザインや調度品などによる不安軽減への配慮
「機能的」◇家族や友人を含んだチーム医療コンセプトの導入
「機能的」◇食堂や売店の併設
「環境的」◇患者ファーストに設計された移動しやすい院内経路

「創造的要素」

創造的要素とは、従来にはなかった新たな「おもてなし」を考え、創出することである。

つまり、ゲストを満足に導くために定型化されていないサービスや商品プラン、また様々なイベントなどを通して、新たに創り出す「おもてなし」のことである。

日本きってのホスピタリティの高さを誇る「東京ディズニーリゾート」では、キャスト一人ひとりが非常に高いホスピタリティの実践力を持っていると言われている。有名なイベントとして知られるようになったのが、「雨の日のパフォーマンス」である。

皆さんはパーク内を清掃するキャストが、雨水でキャラクターの絵を描くところを見たことがあるだろうか。

実はこのパフォーマンスにマニュアルがあるわけではない。

ある一人のキャストが、「雨の日にわざわざ訪れてくれたゲストを喜ばせたい」と始めたことがキッカケだという。

そして、このパフォーマンスに突然出くわしたゲストは、雨の憂鬱な気分も晴れ、「雨の日にしか見れない特別なものを見ることができた」と、とても喜んだそうである。

このように東京ディズニーリゾートのキャストは、本来の担当職務ではないようなことでも、ゲストを喜ばせるための新たな「おもてなし」を考え、マニュアルにはないオリジナリティ溢れるホスピタリティを創出しているのだ。

そして、このような取り組みがディズニーならではの魅力的な創造的要素となっているのである。

第2章

家族はホスピタリティのスペシャリスト集団

◎家庭はホスピタリティの宝庫『Domestic Hospitality』

最上級のホスピタリティが「家庭」にある

第１章でホスピタリティとは特別なものではなく、誰もが日々の生活の中で直面しており、更には実践者になっていると述べた。

実は皆さんの「家庭」こそ、ホスピタリティの宝庫なのである。


ホスピタリティ資源の人的要素の説明でも論じたように、皆さんは「家庭」という環境の中で、家族から多くの「心のこもったおもてなし」を受けているのです。

健康に配慮された食事、すぐに入れるお風呂、アイロンがけされた洗濯物、清潔に保たれた部屋など、思い起こせば数えきれないほどあるのではないだろうか。

まさにこれは、かけがえのない家族への強い愛情から創出される、「心のこもったおもてなし」であり、決して代償などを求めない最上級のホスピタリティなのです。

イラスト　きのこ

おばあちゃんの魔法のポケット

皆さんにもこんな経験はないだろうか。

子供の頃、おばあちゃんに会うたびに、「ハイ、どうぞ・・・」とお菓子を貰ったことはないだろうか。

著者は祖母に会うたびに、必ずと言っていいほどオヤツを貰っていた。

祖母の割烹着のポケットからは、実にいろんなお菓子が次々と出てくるのである。

著者の記憶では、祖母に会ったときにオヤツを貰わなかったことはない。

祖母は孫の私と会うことをとても楽しみにしており、いつでも「おもてなし」ができるよう常に準備していたのである。

しかし、この自然にそして当たり前のように繰り出された「さりげないおもてなし」は、瞬時に子供の心を掴み、強い信頼関係を築く上で最も効果的なホスピタリティだったのである。

〜〜いろんなお菓子が次々と出てくる〜〜

◁▼おばあちゃんの魔法のポケット▼▷

イラスト　沙羅

ホスピタリティに気づく
ゲスト〔ＧＵＥＳＴ〕＆ホスト〔ＨＯＳＴ〕

ゲスト〔ＧＵＥＳＴ〕
実は多くのホスピタリティを受けているのです

これまでにも論じたように、あなたはゲストとして無意識のうちに多くのホスピタリティを受けているのです。

ホスピタリティを理解するためには、まず自分の身の周りに介在している身近なホスピタリティに気づくことが大事である。

誰かにして貰ったことで嬉しかったことや感動したことなどを、ぜひ思い出していただきたい。きっとあなたも多くの、「おもてなし」に直面しているはずです。

次の日々の生活の中でよくある事例に、思い当たるものはないだろうか。

〔学生アンケートより抜粋〕

◆友だちの家に遊びに行ったとき、美味しいお菓子がいっぱい出てきた。
◆誕生日に、美味しい料理をご馳走してくれた人がいた。
◆大好きな物を食べているとき、自分の分まで譲ってくれた友だちがいた。
◆肩が凝っていると言ったら、さりげなく揉んでくれた友だちがいた。
◆お風呂から出たとき、冷たい飲み物を用意してくれた人がいた。

◆道を尋ねたら、目的地近くまで一緒に案内してくれた人がいた。
◆重い荷物を持っていたら、代わりに運んでくれた人がいた。
◆熱中症にならないようにと、日傘や帽子を貸してくれた人がいた。
◆居眠りをしていたら、誰かがそっとジャケットをかけてくれた。
◆一人で寂しかったとき、気づかって声をかけてくれた人がいた。

皆さんも同じような経験があったのではないだろうか。

実はこのような日常生活の中でよくあることも、ホストによる立派な「おもてなし」であり、ゲストであるあなたへ「さりげなく実践されたホスピタリティ」なのである。

ホスト〔ＨＯＳＴ〕
あなたも既にホスピタリティを実践しているのです

あなたは、誰かのために自分にできる「おもてなし」を考えたことはあるだろうか。実はあなたも無意識のうちに、ホストとして多くのホスピタリティを実践しているのです。

次のようなことを実践したことはないだろうか。

〔学生アンケートより抜粋〕

◆電車やバスで、高齢者や障害のある人に席を譲ってあげたことがある。

◆疲れている親を不憫に思い、肩や腰を揉んであげたことがある。

◆家族や友だちのために、早めに暖房や冷房を入れておいてあげたことがある。

◆お店に入ったとき、友だちを一番落ち着く席に座らせてあげたことがある。

◆元気のない友だちを、笑顔で元気づけたことがある。

◆雨の日に、傘を忘れた友だちを自分の傘の中に入れてあげたことがある。

◆目の不自由な人や杖をついている人に、手を差し伸べたことがある。

◆泣いている友だちに、ハンカチを差し出したことがある。

◆友だちを家に招くとき、好きな音楽や香りを用意したことがある。

◆薬を飲もうとしている親に、そっと白湯《さゆ》を入れてあげたことがある。
◆夜遅くまで勉強や仕事をしている家族に、夜食をつくってあげたことがある。
◆旅行に行くとき、友だちの分までオヤツを用意したことがある。
◆体調の悪い友だちを、おんぶしてあげたことがある。
◆スマホやパソコン操作が苦手な人に、使い方を丁寧に教えてあげたことがある。

あなたも同じような経験があったのではないだろうか。

このような、ちょっとした気づかいや思いやりによる行動も、ゲストへの立派な「おもてなし」であり、あなたならではの「さりげないホスピタリティ」と言えるのです。

第3章

ホスピタリティの現状と課題

ホスピタリティ体験事例集

体験事例の概要

近年では、ファミリーレストランやファーストフード店といった外食産業、また急成長を遂げたコンビニエンスストアなどにおいても、ホスピタリティの第一人者であるホテル業界と同水準の「おもてなし」を目指し、積極的にホスピタリティ教育を採り入れるところが増えてきた。利用客においても、その質の高い「おもてなし」にあやかりたいと願う人は少なくない。

この章では、ホテルやレストラン、病院や地域の公共施設、またカラオケ店といった世間一般の人がよく利用する場所において、実際にホスピタリティが「どのように介在しているのか」、また「どう介在すべきなのか」を理解するため、著者の体験談やインタビューの協力を得たホスピタリティ教育研究者の体験事例を紹介したい。

「おもてなしの心」が介在しない事例

――違和感や不快を感じた事例を紹介する――

洋食系ファミリーレストラン

無言ウェイトレスの配膳サービス

家族と洋食系のファミリーレストランで食事をしたときのことである。やってきたウェイトレスは、「いらっしゃいませ」も「おまたせしました」の言葉も何もなく、無言でテーブルの横に立った。

顔の表情は口を閉ざしたままで、笑顔などは一切なかった。

私たちはメニューを間違えないよう、指を添えながら慎重にオーダーをした。

しかし、そのウェイトレスは復唱することも、うなずくこともなく、一言も言葉を発しないままその場を去った。

暫くすると、注文した料理がそのウェイトレスによって運ばれてきた。

今度こそ何かしらの言葉を聞けると私たちは期待したが、やはり終始無言でテーブルの上に料理を並べ、そしてそのまま立ち去った。

残念であることを超え、とても悲しい気持ちになった。

「何か怒っているのかな～」、「何か気に障ることしたかな～」と考えたが、思い当たることなど何もない。

そもそも客である私たちが、そのような事を考えなくてはならないこと自体がおかしな話である。

私たちは動揺しながらも、テーブルに並べられた料理を口にした。

しかし、何とも言えない空気が漂う中では料理の味も半減してしまい、そして楽しいはずの家族揃っての食事タイムも寂しいものとなってしまったのである。

客に満足を与えるには、「美味しい料理でもてなす」だけではなく、店の雰囲気やスタッフの接客態度も大きく関わってくる。

この店のスタッフには、接遇の常識を根本的に理解することや、客とのコミュニケーションのとり方など、飲食業では当たり前となる基本的な接客スキルを、ぜひ身に付けて貰いたいものである。

味が評判のうどん屋さん

客を次々と目で捌く店員

美味しいと評判のうどん屋さんに、著者が訪れたときのことである。

そのうどん屋さんは大手スーパーの中に店舗を構え、当日も行列ができるほどの繁盛店である。

注文方法はレジで店員に直接、言葉で伝えるシステムとなっている。

レジには60代後半と思われる女性店員が立っていた。

「いらっしゃいませ」の言葉も何もない。

注文を伝えると返事がないままレジを操作し、それが終わると私の目をじっと見つめている。

初めて行く店だけに要領が分からない私は、とまどいながらもレジに映し出された金額を用意し差し出した。

すると女性店員は、やはり無言のままお金を受け取りレジの中に入れた。続いてレシートと番号札を無造作にカウンターに置き、すぐに視線を次の人に移した。そして、また無言でじっと見つめている。

いったいどういうことだろう。不快というよりショックが大きい。

この人は言葉を失ったのか――。それとも行列ができるほどの繁盛店だけに、客一人ひとりに対して、一々言葉を発していられないとでもいうのか。

何度もこの店を訪れている人は、この状況に慣れていて違和感を持たないのかもしれないが、初めての著者には到底馴染むようなものではない。

ただ、注文したうどんは評判通りでとても美味しかった。

これも、折角の料理の味が半減してしまうケースである。

いくら店が繁盛しているとはいえ、客をベルトコンベアの荷物のように流れ作業で捌いていくというのは、決して気持ちのよいものではない。

言葉だけではなく、最低限の接客姿勢まで失ったと思われる残念な事例であった。

地域の人気カラオケ店

尋問式受付サービス

地域で人気のカラオケ屋さんへ、家族で出かけたときのことである。

受付には誰もいなかったため暫くロビーで待っていた。

すると従業員の休憩室らしきところから、30代と思われる女性スタッフが出てきた。

見るからに不機嫌そうである。「いらっしゃいませ」も「おまたせしました」の言葉も何もない。

そして、まるで何しにきたと言わんばかりの尋問式による受付が始まった。

ぶっきらぼうに名前や人数、また予定時間などを聞かれ、返事も何もないスタッフに私たちはひたすら独り言のように言葉を発していた。

そして、勝手に行けと言わんばかりの態度で、私たちの顔を見ることもなく部屋の鍵をカウンターに置き、また休憩室らしきところへ消えてしまった。

同伴した子供は動揺を隠せずベソをかいていた。

店にくるまでは明るく元気だったが、さすがにこの状況では笑顔を保てない。指定された部屋に入ったものの、とても歌う気持ちにはなれない。そして気持ちが整理できないまま、わずか二十分ほどで店を出た。

店を出てからも、あのスタッフの態度が頭から離れない。どう考えてもあの接客態度はおかしい。

今までに何度も利用している、気に入った店だけに残念だ。

時間が経つにつれ、ショックがだんだんと怒りに変わってきた。

次の利用時にも同じような態度では困ると思い、店の責任者に電話をかけることにした。「これからも利用したいので何とかなりませんか？」と、努めて冷静に訴えた。

店長と名乗る男性の言葉で救われた。

「大変申し訳ありません。いきなりクビにはできないので厳重に注意します」と、私たちの気持ちを十分に察してくれた対応であった。

また店長の口調からは、この女性スタッフには他からも苦情がきていることを感じさせる印象を受けた。

カラオケ店のような娯楽施設へは、客は楽しい時間を求めて行くのである。しかし、店のスタッフの接客態度によってその楽しいはずの時間が、非常にショックで不快な時間へと変わってしまった事例である。

店長の言葉に期待し、この女性スタッフには最低限の接客スキルを身に付けることや、ホストとゲストの関係とはどういうものなのかをぜひ理解して貰いたい。

イラスト mika

アットホームなお好み焼き屋さん

客のオーダーをねじ伏せる店主

近所にオープンした、アットホームな雰囲気のお好み焼き屋さんに入ったときのことである。

著者は関西出身のためか、子供の頃からお好み焼きとごはんの組み合わせが好物でよく食べていた。

久しぶりにお好み焼きとごはんのセットが食べたくなった著者は、友人を誘ってその店に入ることにした。新規オープンのその店は、意外とメニューが豊富で数種のお好み焼きとお目当てのごはん（ライス）もあった。

私のオーダーの合図で、60代の店主らしき女性がテーブルにやってきた。

私は予定どおり、「お好み焼き（豚玉）と、ごはん（ライス）をお願いします」と告げた。しかし、店主はこう言い放った。〝お好み焼きだけにしなさい！〟

驚いた私は、「えッ、ごはんも食べたいんですけど〜」と返すと、店主は「お好み焼きだけでお腹いっぱいになるよ！」と、少し傲慢な口調で私のオーダーをねじ伏せた。気を利かした友人が、メニューにあったおにぎりセットを注文した。それでとりあえず米が食べられると思ったからであろう。

しかし、店主はそのオーダーも拒んだ。

さすがに不審に思った我々は、仕方なくごはんが食べたいその思いを明かした。すると店主は、いろんな理屈を並べて我々の注文を封じようとしたが、結局は米を炊いていなかっただけのことだった。

客のオーダーを受け付けない。なんのためのメニューなのか。

店の都合でメニューに制限をかけること自体は、やむを得ない場合もある。しかし、折角のアットホームで親しみやすい店の雰囲気も店主の傲慢さで台無しになり、ごはん（ライス）だけではなく、「おもてなしの心」まで用意されていなかったと感じられた事例であった。

老舗のおでん屋さん
客の装いによる差別対応

結構名の通った有名人も訪れるおでん屋さんに、友人と４人で入ったときのことである。

我々に続いて店に入ってきたのは、とても裕福そうな恰幅《かっぷく》のある紳士一人客だった。おかみさんらしき人が、「いらっしゃいませ！」と爽快な声で言葉をかけ、その紳士を４人掛けのテーブル席へと案内した。

紳士はおかみさんの勧める品を拒むことなく注文していた。

そして、その数分後にまたお客さんが一人入ってきた。とても日に焼けた労務者風の男性で、近くの建設現場で作業をしているかのような印象の人だった。

おかみさんは、その人物の存在に気づいているにも関わらず、紳士が注文した料理の手を止めなかった。

残っていた席は２人掛けのテーブル席のみだったため、労務者風の男性はその席に座ろうとした。

しかし、――「あッ、もう予約でいっぱいなんですよ！」と、おかみさんは大きな声で言い放った。まるで招かざる客を追い出すような声に聞こえた。

たとえ予約で満席であったとしても、あまりにも雑な対応だと我々は感じた。そして、その労務者風の男性は残念そうに肩を落とし、やむなく店から出ていった。

しかし、私たちは会話も弾み閉店まで店に居たが予約らしき客はこなかった。

飲食店では、客層や店内の雰囲気を大切にしているという話をよく聞く。あまりにも店の雰囲気にそぐわない人たちが頻繁に出入りすることで、他の客足が遠のいてしまうことがよくあるからである。

しかし、このような差別的とも言える対応はいかがなものだろうか。

ホスピタリティの語源の説明でも触れた、客人を「対等の立場」として尊重するという前提が、崩れてしまったと言える事例であった。

空港から乗ったタクシー

乗客へ威嚇運転するドライバー

ホスピタリティ教育研究者の二人が出張を終え、都内に戻るため空港からタクシーに乗車したときのことである。

乗り場の係員に指定されたタクシーに乗り込み、「〇〇までお願いします」と運転手に告げたところ、返事がないまま車が走り出した。

タクシー運転手の中には返事をしなかったり、無愛想な人もいることを二人は承知していたため、気にしないよう会話を始めた。

すると運転手は、「チっ！」と舌打ちをしながら左足を右足の腿の上で組み、あぐらをかくような姿勢で、まるで乗客を威嚇するかのような乱暴運転を始めたのである。

どうしてこの運転手はこのような態度をとるのだろうか。

二人が何か刺激するようなことをしたか——。しかし、特に思い当たることはない。

目的地までの距離も決して短くはなく、支払う予定額もそれなりの金額である。

もしかして、二人が会話を始めたことが気に入らないのかもしれないと思い、話すことをやめ暫く静観した。約一時間もの間、その状態が続いた。

ようやく目的地に到着したが、ホっとしたのも束の間であった。二人が車外へまだ完全には出ていないにも関わらず、自動ドアが閉まりかけそのまま急発進したのである。

空港で指定されて乗ったタクシーだけに、まさかこのような運転手がいるとは二人は疑う余地もなかった。


タクシー運転手の使命は、乗客を安全にそして快適に目的地まで送り届けることである。この運転手の行為は悪質極まりなく、決して許されるものではない。

タクシーに乗った客は自分の命を運転手に預けざるを得ない状態になる。従って、当たり前のことではあるが乗客を威嚇するのではなく、安全と安心を第一に考えた運転をぜひ誓約して貰いたいものである。

客のいないフランス料理店

「オーダーしろッ！」と目で訴えるシェフ

友人と3人で、落ち着いて会話のできるカフェを探したときのことである。午後1時頃で3人とも昼食は済ませていたが、まだランチタイムということでどの店も混雑し、ゆっくり話ができそうな店がなかなか見つからなかった。

そして、ようやく辿り着いたのが小さなフランス料理店であった。店内に客はおらずガラガラであり、落ち着いて会話ができるこの状況は我々にとっては有難かった。

ダメもとで店の女性スタッフに、「飲み物だけでもいいですか？」と尋ねたところ、笑顔で快く席に通してくれた。

しかし、会話が始まって三十分ほど経ったときのことである。

何処からともなく、突き刺さるような視線を感じるようになった。

店内を見渡すと、店のオーナーシェフらしき人物がフライパンを持ち、店内をグルグルと徘徊するように歩いていた。

しかし、視線は常に我々の方向にあった。・・・・・顔の表情からすぐに分かった。

昼食で賑わうはずの時間帯に、このガラガラの店内からしてまず間違いない。

「何か料理を注文しろッ！」と目で訴えていたのだ。

しかし、我々は昼食を済ませたばかりであり、また何か食べようとはとても思えない。もう少し会話を続けたかったが、とにかくシェフの視線が気になり居心地も急に悪くなったため、我々は店を逃げるようにして出たのである。


女性スタッフの接客態度や店内の雰囲気は上質なもので、客をフランス料理で「もてなす」といった環境は十分に整っていた。しかし、折角のその環境もシェフの睨む視線によって、「もてなす」ではなく「おいだす」という後味の悪い結果となってしまった。店の雰囲気は申し分なかったため、再び訪れた際には料理をオーダーしたかもしれない。そう考えると店にとっても実にもったいない話である。

食べ放題のはずの中華料理店
「追加オーダーするなッ！」と睨む調理人

スポーツ仲間の男女４人で、中華料理の食べ放題で食事をしたときのことである。一人４０００円の食べ放題の店で、我々は取りあえず４品の料理と飲み物を注文した。二十分ぐらいするとその料理がテーブルの上に揃った。そして、そのタイミングで更に3品を注文した。

運ばれてきた料理は期待どおりで、とても美味しかった。会話も弾みあっという間に一時間半が経ったころ、帰る前にまた何か食べようと４人でメニューを見出したときのことである。

何やら熱い視線を感じたため周りを見渡すと、中国人の料理人が鋭い目つきでこちらを睨んでいた。「まだ注文するのかッ！」と言わんばかりの顔に見えた。

これまでに４人で7品を注文しているとはいえ、スポーツ後の４人のお腹はまだ満たされていなかった。

私たちは恐る恐る、「最後のオーダーをお願いします」と、最後だということを強調しながら2品をまた注文した。

楽しく交されていた会話も途切れとぎれになり、最後の2品を食べ終わった我々は足早に店を出た。

そして、「食べ放題の店でこんなに気を使って注文したことなど今までになかった」と4人の意見が一致した。

メニューやプランの設定は、飲食店の経営を左右する大きな要素となる。

また、その影響から赤字を招き、閉店に追い込まれるというケースも珍しくはない。

しかし、食べ放題プランのように料理数を制限していない場合は、そのようなリスクも想定できるはずである。

豊富な料理で客を「もてなす」といった、食べ放題プランの趣旨をどう理解しているのか。この店が食べ放題プランを設けていること自体が疑問である。

大声が飛び交う美容室
客の耳元で指導する店長

ホスピタリティ教育研究者の女性が、初めて訪れた美容室で髪をカットしたときのことである。担当したのは、この美容室の店長で40代の女性であった。

スタッフは全員で８人ほどで、その中の３人はどうやら見習いさんらしい。

店長は、常に見習いさんへの指導を行いながら女性研究者のカットをしており、頻繁に大きな声も出していた。

手にはハサミを持った状態であり、女性研究者の頭付近でシャキシャキと動いてはいるものの、顔や視線はしばしば少し離れた見習いさんの方にある。

また、見習いさんは３人いるため目の動きも３ヶ所にキョロキョロと移動し、指導の言葉が上手く伝わらないときは、少し苛立った様子も見せていた。

一方で、皆さんもこんな経験はないだろうか。美容室で髪を触って貰っているときなど、何となく心地よくなり、いつの間にかウトウトと眠ってしまうことがある。

しかし、この美容室に入った女性研究者は、カット用の席に着いたときから終わるまでの間、ずっと耳元での大声にビクビクし、またハサミの手元が狂ってケガしないかと恐怖さえも感じる時間を過ごしたのだった。

幸いなことに髪はほぼ希望どおりの長さにカットされ、ケガをすることもなく無事に終了した。

いや、終了したというよりは〝開放〟されたという感じだったそうである。

人気のある美容室では、肩もみやヘッドマッサージなどのサービスを実施しているところもある。その癒しを求めて訪れる客も少なくはない。

当たり前のことではあるが、料金を頂戴してサービスを提供している以上、目の前の客が第一であり、決して見習いスタッフの教育が優先されるものではない。

見習いスタッフへの現場指導においては、あくまでもお客様ファーストであるということを前提に実施して貰いたいものである。

高齢者コミュニティ施設

従業員による怒号サービス

地域の高齢者が集うコミュニティ施設で、女性研究者のご親族が被った事例である。施設利用者は、他の高齢者とのコミュニケーションや新たな友だちづくりを目的に、中には毎日施設を訪れる高齢者もいる。

女性研究者のご親族である80代の女性も、趣味を通した仲間づくりに週２日のペースでこの施設に通っていた。しかし、悲痛な悩みを抱えていた。

それは、施設の職員にいつも怒鳴られるという内容のものである。

職員は施設長を含めて全員で５人。実際に現場で業務を行っているのは女性職員の４人であり、その中で陣頭指揮をとっているのは、この施設の近くに住む勤続20年を超えるベテラン職員の60代女性である。

つまり、その職員はほとんどの利用者よりも長く施設に居るのである。

そして、ベテラン職員は自分がこの施設の「ボス」だと言わんばかりに、初めての施設利用者や馴染みのない利用者にはぶっきらぼうに接し、施設内の設備利用について要領を得ない人に対しては、大きな声で怒号を浴びせるといったことを日常的に繰り返していた。利用者の多くは、その職員が近づく度にビクビクし、生きた心地がしなかったという。

その後、怒鳴られた利用者やそのご家族が意を決し、施設長に抗議を申し出た。事態を重くみた施設長は、ベテラン職員の雇用契約を打ち切り、施設利用者とそのご家族に対して深々と謝罪したのである。

高齢者が集うコミュニティ施設においては、利用者が快適に過ごせる環境整備が重要であり、「お年寄りを労る心」、「生きる喜びを創出する雰囲気づくり」などが求められる。近年、高齢者や障害者に対する虐待が後を絶たず、施設職員の資質が問われるようになった。しかし、今回の事例は該当職員だけではなく、施設全体の管理体制をも厳しく問われる、重大な社会問題であると言えるのではないだろうか。

高級イタリアンレストラン

ウォーターグラス口紅サービス

人気のある高級イタリアンレストランに、著者が訪れたときのことである。店の雰囲気はとてもお洒落で流れるＢＧＭも心地のよいものであり、環境面では満足のいくものだった。

案内された席に着くと、すぐにウェイターが水の入ったグラスを持ってきてくれた。しかし、著者がその水を飲もうとしたときである。

グラスの飲み口には、洗い落とされていない口紅がくっきりと残っていたのだ。当然、そのまま口にすることはできない。すぐにウェイターを呼び、別のグラスに替えて貰った。しかし、新たに差し出されたグラスにも、ほんの少しではあるが汚れが付着していた。

著者は次のグラスに期待するかどうか迷ったが、既に不快感も強くなっていたため、結局この店を出ることにしたのである。

料理や飲み物で客を「もてなす」飲食店においては、皿やグラスなどの食器類の衛生状態も客の満足度に大きな影響を及ぼす。

近年の飲食店では自動食洗機を導入しているところが多く、最後にスタッフのチェックを経て客へと差し出される。しかし、この店においてはスタッフによるチェックが不十分であったと思われる。これは単に食洗機という機械上の問題ではなく、スタッフの機械に対する認識の甘さが招いた、初歩的な人的ミスと言える事例である。

医学部付属の大学病院
内科医による〝しょうがないから〟診断

著者が胸部に何とも言えない違和感や痛みを感じるようになったため、大学病院の循環器内科で医師の診断を受けることになったときのことである。

大学病院だけあって、当日の混雑ぶりは半端ではなかった。

数時間をかけて様々な検査を受け、ようやく残すは医師による診察のみとなった。

診察室の待合スペースには50人ほどの患者が順番を待っていた。

二時間ほど経ってようやく名前を呼ばれ、診察室に入るとデスク上のパソコンに向かって何やら入力操作をしている女性医師が座っていた。

「今日はどうしました？」と目を合わせることもなく聞かれ、事前に気になる症状を記入しておいた問診票のとおり話した。

すると女性医師は首を傾げながら、「検査では異常は見られませんでした」とだけ告げ、「今日はもういいですよ！」と私を部屋から出るよう促した。

いくら混んでいるとはいえ、あまりにも素っ気ない対応である。

腑に落ちない私は、「では、この痛みや違和感は何なのでしょうか？」と質問すると、「それはわからないです」と返された。

そして、戸惑いを隠せない私に再度信じられない言葉を発した。

「問診票にいろいろ書いてあったので〝しょうがないから〟検査したけど異常は見当たらなかったんですよッ！」と、初めて私の顔を見ながら言い放った。

私は、その言葉に大きなショックを受けながらも、やむを得ずその場を後にした。

この女性医師に、患者の不安や痛みが分かるのだろうか――。

病院「ｈｏｓｐｉｔａｌ」の語源は、人を保護し看病するなどして手厚くもてなした「ｈｏｓｐｅｓ」という言葉から派生したものであるということなど知る由もないだろう。近年、医療従事者の慢性的な人材不足や資質の低下が懸念される一方で、医師の患者に対する尊厳的な向き合い方に、ぜひ期待したいと切に願う次第である。

しかし、この診察から１ヶ月後のことである。

著者の胸部の痛みは日増しに強くなり、ついに心不全を起こし入院することになってしまったのである。実は強いストレス性の心疾患を発症していたのだった。

〝しょうがないから〟
検査したけど、どこも
異常ないんですよッ！

イラスト　まえ子

招待されて乗った貸切観光バス

猛スピード恐怖体験ツアー

ある通信販売会社から、「感謝の意」を込めた日帰り旅行に招待され、手配された貸切観光バスに家族で乗ったときのことである。

最終目的地までは片道4時間ほどの旅であり、途中でトイレ休憩が2回ほど予定されていた。

40人乗りのバスは満席で、車内は談笑を楽しむ人々で賑わっていた。

しかし、その賑わいも徐々に下降し、やがて不安や恐怖の声に変っていったのである。

高速道路に入るまでの一般道は朝7時の時点で既に混雑しており、スピードを出せないためか運転に関わる不安などは全く感じなかった。

しかし、高速道路に入った途端に状況は一変したのである。

法定速度を遥かに超える猛スピードで前方の車をどんどんと追い抜き、そして急カーブを何度も繰り返すという暴走運転が始まったのだ。

旅行工程表のタイムスケジュールには、まだかなりの余裕がある。何故このような危険な運転をするのかが分からない不安な状態が続いた。談笑で賑わっていた和やかな車内も、時間と共に恐怖を隠し切れない緊迫した空間へと変わっていった。

そして、私たちはその恐怖と戦いながらも、乗客全員が無事に帰路に着けることを祈り続けたのである。

近年では、観光バスや路線バスの事故が多く報告されるようになった。そのほとんどが運転士の脇見や速度超過、また居眠りなどによるものである。

また、事故を起こしてしまうと、その衝撃は非常に大きく、乗客への被害もはかりしれない。この乗客に恐怖を与えるほどの運転は危険行為そのものであり、交通法規においても決して許されるものではない。通信販売会社が手配しただけの貸切観光バスとはいえ、招待した客への「感謝の意」など全く感じられなかった旅であった。

駅前のお寿司屋さん
寿司のないお寿司屋さん

友人との再会を祝って、二人の好物の寿司でも食べながら話そうということになり、駅前のお寿司屋さんを訪ねたときのことである。

時刻は夕方の6時頃であり、仕事帰りのサラリーマンで賑わうにはまだ少し早い時間である。そのため店に客らしき人は居なかった。

店に入ると店主らしき人物から、「いらっしゃい！」と粋のよい声をかけられた。そして、手招きされた席に腰かけ、好みの寿司ネタを注文したところ、予想もしない言葉が返ってきた。

「あッ！今、寿司切らしてるんですよ！」。

……お寿司屋さんに、寿司がないのである。

我々は不思議に思いながらも、「じゃ、何があるんですか？」と尋ねた。

「丼物ならできますよ！」と、また粋のよい声が返ってきた。

我々は寿司が食べたくて、わざわざこの店を訪ねたのである。

表の看板には確かに寿司処とあるし、時間的にいきなり寿司ネタが切れるとは信じ難い。丼物が嫌いな訳ではないが、気持ちが寿司モードになっていただけに他の料理を口にする気にはなれない。

友人と顔を見合わせ、どうしたものかと暫く考えたが既に出されたお茶に口をつけていることもあり、やむを得ず我々はその丼物を注文したのである。


この事例は非常に珍しいケースである。

寿司処という看板を掲げている以上、寿司で客を「もてなす」というのは当たり前のことであり、他の料理で満足を与えられるものではない。

巷には、扱う料理は違うにせよ納得のいく味が出せない日は店を開けないという厳格な店主もいるという。寿司職人のプライドにかけても、ぜひ参考にして貰いたいと思う次第である。

公共健康増進施設

職員による無気力&受動喫煙サービス

地域の健康増進施設として設けられた体育館を予約し、家族でバドミントンを楽しもうとしたときのことである。

予約自体はインターネットによる専用サイトで行うシステムとなっており、スムーズに体育館を予約することができた。しかし、初めて利用する施設のため、駐車場や自動販売機などの情報を確認したいと思い、体育館へ電話をかけた。

すると、何とも頼りないというか、無気力とも言える小さな声で男性スタッフが電話に出た。とても健康増進施設のイメージではない。

「駐車場はありますか？」の問いに、消え入るような小さな声で、「ハイ…」とだけ返事はあったものの、その後の説明らしき言葉は何もない。

詳しい情報が聞き出せないどころか、とにかく声が小さく会話が成り立たないため、私たちは心配になり早めにその体育館へ向かった。

そして、体育館事務所の入口付近に辿り着いたときのことである。

私たち家族を強いタバコ臭が襲ったのだ。

受動喫煙をしてしまったのである。それも幼い子供までが。

近くには、花壇に腰かけてタバコを吸っている60代の男性がいた。

指定場所以外での喫煙であることは一目瞭然だったが、他の施設利用者だと思い私たちは我慢した。しかしその数分後、驚いたことにそのタバコを吸っていた男性が事務所の中に入っていったのである。

何と、この健康増進施設である体育館の職員だったのだ。


この施設は、地域住民の健康増進を目的として設けられた体育施設である。

無気力応対はまだしも、職員自らが利用者に受動喫煙をさせる健康増進施設が存在するとは信じ難い話である。「健康増進法」の改正に伴い、厚生労働省や地域の行政機関が受動喫煙防止対策に取り組む中、決して許されない不謹慎な事例と言えるだろう。

感動を呼んだ「おもてなし」の事例

――感動を呼んだ事例を紹介する――

和食系ファミリーレストラン
雨に濡れた「神対応のおもてなし」
どこまでも追いかけてきたウェイトレス

雨の降る夜に、家族で食事をするため和食系のファミリーレストランへ出かけたときのことである。

店内は全席がブースで仕切られ、落ち着いた雰囲気でとても居心地がよかった。また、従業員は常に笑顔を見せ、とても丁寧に接してくれた。

店の雰囲気も従業員の接客態度もよかったため、私たちは既に満足を感じていた。食事を終えた私たちはレジで会計を済ませ、雨を避けるため足早に駐車場の車に乗り込んだ。そして、駐車場を出発して50メートルほど進んだ一つ目の信号で私たちの車は停車していた。すると、バックミラー越しに勢いよく走ってくる人の姿が確認された。先ほど食事をした店のウェイトレスだった。何とこの雨の降る中、私たちが置き忘れた小さな手荷物を届けようと必死に追いかけてきたのである。

相当急いで店を出たらしく、傘は持っていなかった。制服は雨に濡れ、また髪も雨水で光って見えた。そして、店員は助手席の窓ガラス越しに私たちが置き忘れた手荷物を示し、「お忘れ物です！」と言葉を添えながら微笑んでくれた。

私たちはすぐにその手荷物を受け取り、「ごめんね、ありがとう・・・」と、とても申し訳ないという気持ちを顕《あらわ》に感謝の言葉を口にした。

私たちは雨の降る中、50メートルもの距離を懸命に追いかけてきてくれたこのウェイトレスの行動に驚きながらも、とても大きな感動を覚えたのである。

このウェイトレスの行動は、決して店のマニュアルにあるものではないだろう。彼女の〝とっさの判断〟によるものだと思われる。しかし、このようなサプライズ的とも言える彼女の行動は、私たちに手荷物だけではなく、「感動」をも届けてくれたのだ。

実はこの手荷物には、著者が翌日の早朝に搭乗する航空チケットが入っていたのだ。間一髪のところを救ってくれた、彼女の「神対応のおもてなし」に深く感謝したい。

札幌の都市型ラグジュアリーホテル

新人スタッフの「急場のおもてなし」

思わず自分のハンカチを差し出したベルガール

ある夏の日に、著者が札幌へ出張しホテルに宿泊したときのことである。東京に住む私は、固定観念として札幌は東京よりは涼しいだろうと思いこみ、それほどの暑さ対策をせずに目的地へ向かった。

しかし、札幌に着いた私は予想とはまったく違ったその暑さに驚きながら宿泊先のホテルを目指した。

長期出張のためスーツケースなど多くの荷物を持っていた私は、いつの間にか汗だくとなっていた。ようやくホテルに到着し、レセプションカウンターでチェックインを済ませると、すかさず部屋まで案内してくれるベルガールがやってきた。

「お部屋までご案内します！」と言って、私をエレベーターまで誘導してくれた。

そのベルガールは、まだ少しぎこちなさが残るいかにも新人スタッフといった印象で、一生懸命さや緊張感がひしひしと伝わってきた。

エレベーター内で少し緊張を解そうと、「札幌って意外と暑いんですね～」と私が声をかけた。すると、「そうなんです。そうおっしゃるお客様が結構いらっしゃるんです。特に今日は暑いですね！」と言いながら笑顔で私の方を振り返った。

その瞬間《とき》である。「あッ、凄い汗ですね！これ使ってくださいッ！」と、慌てて制服のポケットから自分のハンカチを差し出したのである。

その行為に度肝を抜かれた私は、「いやいや、大丈夫・・・」と言って遠慮をしたものの、客とはいえ見ず知らずのおじさんに自分のハンカチを差し出した彼女の行為に感銘を受けたのである。

恐らくこのベルガールの行為は、ホテル側としてはＮＧかもしれない。ゲストである宿泊客に、従業員自らの私物を提供することなどホテルとしては決して容認できないからである。

しかし、このベルガールにとっては自分にできる最大限の、「急場のおもてなし」がハンカチだったのである。

そして、まだぎこちなさが残る新人スタッフではあるものの、彼女の「急場のおもてなし」がゲストの大きな感動を呼んだのである。

イラスト　chiko

大手スーパーの警備員

体を盾に「命を張ったおもてなし」

誰よりも「おもてなしの心」を感じさせる警備員

著者がよく利用するスーパーには、感動に値する「おもてなし」を実践している常駐警備員がいる。どんなに暑い日や寒い日でも決して手を抜かず、手際よく出入りする車の交通整理を行い、自分の体を〝盾〟に歩行者の安全を守り続けている。

ここまでは職務上当たり前と言えるかもしれないが、この警備員は必ず、「ハ〜ィ♪こんにちは♪」、「いらっしゃいませッ！」、「ありがとうございました！」、「またよろしくおねがいします！」と、大きな声で警備マニュアルにはない接客用語を発しながら、「命を張ったおもてなし」を行っているのである。

歩行者は警備員の誘導に従うことで、やむを得ず一時的に自分の命を預ける状態になる。そこには警備員と歩行者との間に瞬時に形成される信頼関係が必須となる。

信頼関係がなければ歩行者は安心して道を歩くことすらできないが、この店の客は警備員の動作やかけ声から瞬時に信頼感を持つことができる。

また、このスーパーで買い物をする際には何人かの店員と接するが、これほどの「おもてなし」を感じさせるスタッフは他にいない。

ある日、著者がホスピタリティについての研究会に出席し、他の研究者とディスカッションを行った際、驚いたことに出席者の一人からこの警備員の話が出たのである。その研究者は著者と隣り合わせの区域にお住まいらしく、同じスーパーにもよく通っているらしい。そして、その研究者は「うちの近くのスーパーに凄い警備員がいるんですよ！」と切り出し、著者と同じその感動を話し出したのである。

さすがホスピタリティの研究者だけあって、この警備員の存在にはいち早く気づいていたそうである。

本来ならば、この警備員はスーパーの接客スタッフとしては位置づけられていないだろう。しかし、客の立場からすれば全てのスタッフがスーパーの従業員であり、職務内容によって接客のあり方に分け隔てがあるとは思っていない。
そのことを一番理解しているのが、恐らくこの「命を張った警備員」であろう。

イラスト　k_katelyn

東京のお洒落なデザイナーズホテル

言葉を超えた「涙のおもてなし」

若いドイツ人女性の命を救った新人女性スタッフ

中世のヨーロッパをモチーフにした東京のお洒落なデザイナーズホテルで、開業間もない日に発生した出来事である。

ここは著者が人材教育に携わっていたホテルで、当日もオープニングスタッフへの実地研修を行っていた。

ホテルの真向かいに位置する雑居ビルのオーナーから電話が入り、慌てた声で非常事態を知らせる通報を受けた。その内容は、「人が屋上から飛び降りようとしている！」であった。

著者はすぐに警察に連絡をとった上で、何人かのスタッフと屋上の現場に駆けつけた。すると、外国人らしき若い女性が泣きながら虚ろな目で数十メートル下の地表を見つめていた。

このような場に直面したとき、どのような行動をとればいいのか我々には全く知る由もなかった。

とにかく刺激しないよういきなり近づくことを避け、その場に立ちすくんだ。無意識に出てくる言葉も、「Ｎｏ！」や「Ｓｔｏｐ！」ぐらいのもので、決して外国人女性を説得できるようなものではない。

何とかしなければならないその緊迫した状況の中で、我々は無力感を覚えながらも必死になって打つべき行動を考えた。

しかし、あることがキッカケで状況が一変したのである。

一緒に現場へ駆けつけた若い新人女性スタッフが、何時しか泣き崩れていたのだ。自分と同じような若い女性が屋上から飛び降りようとしているその姿を見て、ショックのあまり泣き崩れてしまったのである。

もはや言葉になっていない、「イヤダァ〜！　Ｎｏ！　Ｎｏ！」と子供が泣き叫ぶような声で訴えながら地面に跪《ひざまず》いていた。

暫くすると外国人女性はその女性スタッフの存在に気づき、虚ろだった目が徐々にしっかりとした表情へと変わっていったのである。

「このホテルスタッフは何故泣いているのだろう」、「もしかして私の行動を見て悲しくて泣いているのか」と思ったのだろうか。

外国人女性は気を取り戻し、分かったからもう泣かないでと言わんばかりに、泣き崩れている女性スタッフの方へ歩み寄った。

そして二人は、お互いを労るように抱き合いながら、暫く泣き続けたのである。

この外国人女性は19才のドイツ人で、失恋の傷が深く思い余っての行動であったらしい。

ドイツ語はもとより英語力も十分でないホテルの新人スタッフが、思わず陥ってしまった「涙のおもてなし」で、結果的に人の命を救ったという衝撃的な事例である。

人の涙は言葉や文化を超え、どんな人にもその思いや気持ちが伝わるということが証明された感動的な出来事であった。

第4章

満足のいくホスピタリティを実践するためには

人に喜んで貰うことが自分の喜びになる

「ちょっとした気づかいや思いやり」を行動に移す

皆さんは、自分の何気ない「ちょっとした気づかいや思いやり」で、予想以上に人から感謝されたり喜ばれたりした経験はないだろうか。

―― 著者が昼食をとるため、牛丼専門店に入ったときのことである ――

私は店員に案内された一番奥の二人席に座った。しかし、その横にはまた同じような二人席があり、４人連れの客にも適したスペースであった。

暫くすると、30代ぐらいの夫婦と小学生らしき子供の３人連れが店に入ってきた。

店員は３人が一緒に座れる席がないことを告げ、私の横の二人席に母親と子供、そして父親は少し離れた席へと案内した。

その光景に気づいた私は、まだ食事中ではあったが、「私が別の席に移るから３人でここに座って！」と声をかけた。そして、テーブルの丼と水を持って席を移動した。

この当たり前と言っていい行動に対し、その親子３人は深々と頭を下げ、「ありがとうございます」とお辞儀をしてくれた。

傍《そば》にいた女性店員からも、申し訳なさそうに礼を言われた。

私は、「いえいえ・・・」と謙遜しながらも、何だか嬉しくなった。

お礼の言葉を貰ったからではない。

ちょっと大げさな表現にはなるが、自分のとった何げない行動が、この親子のひと時の幸せにつながったような気がしたからだ。

折角、家族でごはんを食べにきたのに、席がバラバラでは会話もできないし食事の楽しさも半減してしまう。

譲った席からは、楽しそうに会話をする親子の声が聞こえてきた。

――そして、食事を終えた私は会計をするためレジの前に立った。

すると、また女性店員がやってきて、「先ほどは席を移ってくださって本当にありがとうございました」と再度心のこもった礼を言われた。

この店員も、家族が一緒に座ることができてホッとしていたのだろう。

私は何だかまた嬉しくなった。この店員に、「おもてなしの心」を感じたからだ。「おもてなしの心」があったからこそ、私の行為が嬉しかったのだと思う。


この事例を通して読者の皆さんに伝えたいことは、喜びや幸せを感じたのは決して3人連れの家族や店員だけではないということだ。

自分の何気ない行動により、楽しそうに会話をする家族や、「おもてなしの心」を持った店員さんに出会えたということが、何時しか私までを和やかで幸せな空気で包んでいたのだ。

ぜひ皆さんも、何気ない「ちょっとした気づかいや思いやり」を行動に移していただきたい。人を喜ばせたり幸せにすることが、自分の喜びや幸せにつながるということを実感できるはずです。

ここで一つ、素敵な話を紹介したい。

著者が、たまたま目を通した情報誌に掲載されていた記事である。

杖をついた高齢の外国人男性が満員電車に乗ってきた。何故か片手でバラの花束を抱えていた。近くに座っていた日本人女性はすぐに席を譲った。

やがて目的の駅に到着した高齢の外国人男性は、電車からの降り際に「ありがとう」と言いながら、一本のバラを女性に差し出したのである。

――親切にしてくれた人へのお礼に、バラの花を用意していたのだろうか――

『笑顔』は無言のホスピタリティ

キープスマイルで「おもてなし」

ホスピタリティの実践に一番大切なのは、あなたの「笑顔」です。

人の緊張を取り除いたり安心感を与えたりするのは、どんな言葉よりも笑顔の方が勝ると言われています。

私はホスピタリティ教育において、「笑顔の重要性」を最も優先している。

尊敬語や謙譲語などの使い分けが上手くできない、伝えたいことが上手く表現できないといった悩みをよく聞く。

そんなときは必ず、「あなたに笑顔さえあれば大丈夫」と勇気づけている。

どんなに口下手な人や不器用な人であっても、笑顔さえあれば人は安心して向き合ってくれます。

言葉は、口先で操ったり飾ったりすると何だかおかしなものになり、心が伝わらなくなる。

無理に難しい言葉を使ったり、型にはまった言い方を考えるよりも、笑顔で話すことを心がける方がよっぽど大事なのです。

そして、笑顔から出てくる言葉は、そのままでも十分に意味や心まで伝えてくれるのです。

イラスト　まえ子

◎感動を呼ぶ『おもてなし』にマニュアルはない

オンリーワンの神対応

ここでは、感動を呼ぶホスピタリティとはどういうものなのかを考えてみたい。

高級ホテルなどでは、日々「一流のおもてなし」がゲストに振舞われている。

そして、その「一流のおもてなし」を求めて多くの人々が集まってくる。

しかし、「一流のおもてなし」もゲストは何度も利用しているうちに当たり前のように感じ、更に目新しい他の「一流のおもてなし」を模索するようになる。

つまり、マニュアル化された「おもてなし」は、どんなに魅力的なものであってもゲストの満足や感動は維持できないのである。

第3章の「ホスピタリティ体験事例集」で紹介した、感動を呼んだ幾つかの事例で皆さんは何か感じなかっただろうか。

紹介した事例には共通した点がある。

それは、全ての事例が通常ではありえない、「特別なおもてなし」によるものであったということだ。

接客マニュアルなどには決してない、ホストの〝とっさの判断や行動〟によるものであり、ゲストが期待も想定もしていなかったサプライズ的なものと言える。

中には、ただ涙で訴えただけというものもあるが、その涙がゲストの心に強く響いたことは確かであり、真の「おもてなし」とは単に言葉や物を通して表現されるものだけではないということを感じさせられたと言ってもよいのではないだろうか。

このように、ホストの〝とっさの判断や行動〟が「特別なおもてなし」となり、他に二つとない、「オンリーワンの神対応」となっていたのである。

そして、この「オンリーワンの神対応」がゲストの感動を呼んだのである。

第5章

あまり知られていない「感動を呼ぶおもてなし」

東京ディズニーリゾートの心が通うホスピタリティ

全てのキャストがハイパフォーマー

東京ディズニーリゾートのホスピタリティには特段に高い定評がある。

そして、このディズニーのホスピタリティを学びたいという研究者も少なくはない。

皆さんはご存知だろうか。東京ディズニーリゾートでは全てのスタッフがキャストと呼ばれている。

ショーやアトラクションの係のみならず、レストランのウェイター・ウェイトレス、清掃スタッフ、売店の販売員など全てのスタッフがキャストと呼ばれ、其々がオリジナリティ溢れるパフォーマンスでゲストを楽しませている。

東京ディズニーリゾートには職務ごとのマニュアルが用意されているが、同時にキャスト一人ひとりにゲストを喜ばせるための「裁量」が与えられている。

そして、このキャストの裁量によるパフォーマンスに予期せぬタイミングで出くわしたゲストは、予想外の満足を得ることができる。

最近よく知られるようになったパフォーマンスでは、第1章の「ホスピタリティ資源の主な要素」の説明の際にも紹介した、雨水で絵を描く清掃スタッフ(カストーディアルキャスト)が有名である。

混雑でアトラクションになかなか入れない人たちの前で、清掃スタッフが雨水で地面にキャラクターの絵を描きゲストを楽しませている。

また、ファン・カストーディアルと呼ばれるキャストによって行われる、不思議な音が聞こえてくるショーや、ゲストと共に様々なパフォーマンスを繰り広げる楽しいサプライズショーなどもある。

このように従来は裏方とも言える清掃スタッフも、東京ディズニーリゾートにおいては、与えられた裁量の中でオリジナリティ溢れる「おもてなし」を創造し、ゲストを満足に導くためのパフォーマンスを実践している立派なキャストなのである。

「蚊」のいない不思議な世界

次に、ディズニーでもあまり知られていないホスピタリティを紹介したい。

先にも触れたように、東京ディズニーリゾートではゲストと接することの少ない裏方とも言えるスタッフにも、ゲストを「もてなす」ためのホスピタリティ精神が求められ、ディズニー全体の高い利用者満足度につなげている。

ここでは、多くのホスピタリティが話題となる中で、環境的な要素に関する「おもてなし」を取り上げたい。

東京ディズニーリゾートでは、施設内の設備や機能、また衛生面などの環境的な要素にも十分な配慮がなされており、ゲストが安全で快適に過ごせるよう万全な整備が施されている。

例えば、パーク内には川やジャングルなど〝蚊〟の発生しそうなところが多くあるが、蚊を見たり刺されたという話をほとんど聞かない。

どんな対策をしているのだろうか・・・。

その答えは、「蚊の好む水をつくらない」である。

蚊は水周りから発生すると言われている。そして、蚊の好む水とは「動きのない水」であり、逆に常に循環しているような水からは発生しないことが分かっている。

つまり、東京ディズニーリゾートの水は常に「ろ過循環」をしており、水が滞留しないよう設計されているのだ。

パーク内には川やジャングル以外にも、カヌーを漕げる島など多くの水を使ったアトラクションがある。もちろん、東京ディズニーシーは海がテーマであるため、大量の水を使っていることは言うまでもない。

しかし、ゲストが訪れるエリアでは常に「ろ過循環」をしているため、蚊が発生しないのである。

蚊は水中に産みつけた卵が孵化《ふか》してボウフラになり、そのボウフラが羽化《うか》して発生する。従って、水が「ろ過循環」していると蚊の卵もボウフラも生きていけないということだ。

このような目に見えない環境対策を施すことで、東京ディズニーリゾートは〝蚊のいない世界〟を実現することができ、ゲストが安全で快適に過ごせる空間を創り出しているのである。

障害のある方への「心温まるおもてなし」

全てのゲストを「ＶＩＰ」とする。

ディズニーの創設者である、ウォルト・ディズニーの教えである。

パーク内では、年齢も国籍も社会的立場も関係ない。障害があるかどうかも問題ではない。

全てのゲストを「ＶＩＰとしてもてなす」というのが、ディズニーの考え方である。

そうしたポリシーに基づき、ディズニーでは障害を持っていても他のゲストと同じように楽しめるよう、国の基準よりも遥かに高い「ディズニー基準」を設けている。

身体機能が低下している人や視覚や聴覚に障害のある人が、安心してパーク内で過ごせるよう万全なサポート体制を整備している。

そのためキャストは、実際に車イスに乗ったり、目隠しをしたりして訓練を行い、

「自力で歩けない」、「周りの世界が見えない」、「耳から何も聞こえない」といった状態を再現し、障害を持った人の気持ちや不安を身をもって理解できるよう努めている。

また、このような訓練をすることで、「どのようにすれば障害を持ったゲストがもっと安心して楽しめるようになるか」といったアイデアも生まれやすくなるという。

次に、実際に東京ディズニーリゾートで感動的な光景を見たという、ある女性の話を紹介したい。

ある日、杖をついた目の不自由な夫婦がディズニーを訪れた。

専属のサポートキャストが密接に付き添い、優しい口調で説明をしながら、「ここがミッキーの耳ですよ〜！」と伝えた。

するとミッキーは、その夫婦の手を自分の耳に持っていき触らせた。

夫婦はうなずきながらミッキーの耳を手でさすり、とても嬉しそうにしていた。

更にミッキーは鼻や口にも手を持っていった。

そして最後にミッキーは、その夫婦を抱きしめながら、何度も何度もキスをしていたのだ。

その光景を見ていた女性は、感動のあまり泣き出してしまった。

それに気づいたミッキーは、泣いている女性のところへも行き、優しく頭を撫でてくれたそうである。

このように東京ディズニーリゾートでは、障害を持った人の気持ちに深く寄り添い、少しでも安心して楽しんで貰えるようキャストが全力で、「心温まるおもてなし」を実践しているのだ。

✪一流ホテルでみるホスピタリティの極意

一流ホテルは、ホスピタリティも一流である。

ここでは、実際にホテルではどのような「おもてなし」がゲストの心を掴んでいるのかを紹介したい。

「ホスピタリティの質の高さ」においては世界最高峰と称され、海外からも数々の著名人が訪れる国内最高級の帝国ホテルを取り上げたい。

ハリウッドスターも絶賛したランドリーサービス

帝国ホテルで有名なエピソードとなったのが、「ハリウッドスターも絶賛したランドリーサービス」である。

ハリウッドスターで映画俳優のキアヌ・リーブス氏がある映画の中で、「洗濯を頼みたい。東京の帝国ホテルでしてくれるような・・・」と言うセリフがある。

これは帝国ホテルを定宿にしていた、キアヌ・リーブス氏のオリジナルのアドリブだったらしい。

ハリウッドスターを魅了するほどのランドリーサービスを実現した帝国ホテルは、世界初となるホテル内洗濯工場を設け、ゲスト一人ひとりに対してきめ細かな技術を提供していたのである。

帝国ホテルのランドリサービスには様々なこだわりがある。

まず、洗濯物の素材の出身地に合わせて洗い方を変える。水の温度、洗剤、乾燥時間、アイロンの温度など水洗いだけで実に20種類以上のパターンがある。それだけではない。ボタンは１００種類、糸やファスナーも無数にストックしてあり、万が一洗濯中にボタンが外れても同じ物をすぐに付けることができる。また、糸がほつれても同じ物ですぐに縫えるし、シミ抜きの技術も常に研究された最も効果的な方法を採用している。

キアヌ・リーブス氏以外にも、ランドリーサービススタッフの間で話題となっている人物がいる。

それは年に2回、ニューヨークから訪れる高齢の紳士だ。

その人物は、半年間溜めた山のような洗濯物を持って、わざわざ帝国ホテルに泊まりにくるという。帝国ホテルのランドリーサービスを一度利用すると、他のホテルやクリーニング店では満足できないというのだ。

それほどまでに、この帝国ホテルのランドリーサービスの技術に魅了されているのである。

帝国ホテルと言えば、スタッフの接遇能力の高さや客室の豪華さなどに目が行きがちだが、このような舞台裏とも言えるランドリーサービスにおいても極限まで追究しているのだ。

これが、「ホスピタリティの質の高さ」において、世界最高峰と称される由縁である。

イラスト　梅みんつ

第6章

「おもてなし上手」な人のコンピテンシーとキャリアデザイン

✪人を惹きつける『コンピテンシー』と信頼関係

「おもてなし上手」なカバン屋さん

ここでは、ホスピタリティの実践において重要な鍵となるコミュニケーションのとり方や、実際に人を惹きつける「おもてなし」で高い評価を得ている人の〝コンピテンシー〟について考えてみたい。

ある大手百貨店のカバン屋さんに、多くの客から信頼され、店長からの評価も非常に高い、「おもてなし上手」な50代の女性従業員がいる。

客からの評判はとてもよく、店内で一番の売上を達成するその女性従業員には、わざわざ電話で出勤日を確認してから商品を買い求めにくる客までいる。

何故、この女性従業員はそれほどまでに人気があるのだろうか・・・。

それは決して難しくも特別なことでもない、あることを徹底していただけのことであった。

そのあることとは、彼女が当たり前のように実践している〝コンピテンシー〟によるものである。

D・C・マクレランドのコンピテンシー「行動特性」

まず、〝コンピテンシー〟について説明したい。

コンピテンシーとは、米国・ハーバード大学の心理学者　D・C・マクレランド教授によって提唱された概念であり、業務遂行能力の高い人物（ハイパフォーマー）に共通する、「行動特性」のことである。

理解を深めるため、具体的な例を取り上げる。

ある商品の販売活動を行っている二人の社員がいる。

社員Aは、商品に関する知識は他の社員よりも飛び抜けて豊富であり、接客態度や言葉づかいなども問題はない。

彼は商品に関する説明にしっかりと時間をかけ、お勧め商品などの提案も抜かりはない。しかし、なかなか商談が上手くいかず販売実績に伸び悩んでいる。

社員Bは、毎月の販売ノルマを順調にクリアし、上司からの評価も高い。

彼の商品知識や接客スキルは人並みであり、客への商品に関する説明もほどほどの時間で切り上げている。

彼は客の商品購入目的や予算などについての会話に時間をかけ、丁寧に話を聞きながら相手にとって最適な購入プランを提案している。

また、売りたい商品について一方的に話すのではなく、会話はあくまでも客が主体となるようにし、商品の購入を支援するというような姿勢で接していたのだ。

このように接することで客の話す時間が多くなり、幾つもの情報を得ることができる。また、コミュニケーションも十分にとれることにより、信頼関係も構築されやすくなる。

つまり、客を支援する姿勢から生まれる信頼関係が彼の特徴であり、この「行動特性」が社員Ｂの〝コンピテンシー〟である。

では、カバン屋さんの女性従業員の行動特性とはどのようなものだったのだろうか。

彼女は全ての客に対して、「自分の家族のように接する」ということを徹底していたのである。年輩の女性には自分の母のように、同世代の人には同じ母として、また若い人には自分の子供のようにと、全ての客を自分の家族に置き換えてコミュニケーションをとっていたのである。

家族の立場になることで、客の求めていることやこだわりが理解しやすくなり、また家族のように接することで客を安心させ信頼感を得ることもできる。

ある日、以前にこの店で娘の卒業旅行用のスーツケースを買ったという50代の女性客がこの従業員を訪ねてきた。この店で買い物をした際、親身になってとても温かく接してくれたことを覚えていたのだ。「きっとあの店員さんなら、また娘の就職祝いのハンドバッグを親身になって探してくれる」と思ったのであろう。

そして、「あッ、そうでしたよね！確か今年卒業されて就職なさるんでしたよね。ではさんに気に入って貰えるハンドバッグを一緒に探しましょう！」と、女性従業員の期待を裏切らなかったその言葉に客はとても感激したのである。

このように女性従業員は、客を自分の家族のように扱い、十分なコミュニケーションをとりながら商品の購入を支援するという姿勢を貫いていたのである。

これが、この女性従業員の〝コンピテンシー〟であり、このコンピテンシーが彼女の「おもてなし上手」を実現させ、多くの客から信頼される原動力となっていたのである。

✪喜びと幸せに満ちた『キャリア』を創造する

キャリアデザイン《ライフキャリアとワークキャリア》

ホスピタリティは人に喜びや幸せを与え、そして自らも喜びや幸せを得ることができる。

そのために大切なことは、自分にできる「おもてなし」を考え、それを行動に移すことである。

ここでは、ホスピタリティが自分の人生にどう影響していくかについて考えたい。

あなたは自分の人生をどのように生きていきたいか、考えたことはあるだろうか。

そう質問を受けると、なかなかハッキリとした答えが出てこないものである。

一般的な回答として多いのは、「とりあえず今の仕事を続けながら、チャンスがあれば何か新しいことにもチャレンジしたい」、「昇進や転職に挑戦し、自分の可能性を試したい」、「マイホームを建て、幸せな家庭を持ちたい」、「結婚して子供をつくりたい」、「いつまでも健康で楽しく過ごしたい」といったような、仕事に関する〝ワークキャリア〟と、生活面や健康面などに視点を置いた〝ライフキャリア〟に二分される。

このように「キャリア」とは、働く上での経験や計画のことだけではない。日々の生活スタイルや生き方など、人生そのものを表現する言葉なのである。

そして、自分の人生をどのように生きるかを考え、具体的な計画を立て未来を創造していくことが、「キャリアデザイン」である。

キャリアに関する国の施策では、「労働者の職業生活設計に即した自発的な職業能力の開発及び向上」を促進することを基本理念としており、職業能力開発促進法の改正に伴いキャリア形成においては、「働き手が自らのキャリアについて主体的に考える習慣を身に付ける環境を整備することが重要である」と、労働者を雇用する事業者に向けて告示している。

つまり、労働者は自分自身の職業設計をしっかりと計画し、自己啓発を通して職業能力の開発及び向上に努めなければならず、またそれを助成するための措置を事業者に義務付けているのである。

しかし、この施策はあくまでも労働者の〝ワークキャリア〟を主体とした事業者や働き手に対するものであり、専業主婦や高齢者、障害などで労働能力を持てない非労働者に対してのものではない。

当たり前のことではあるが、もちろん専業主婦や高齢者、また障害を持った人にも明るく幸せな未来がある。

そのためには非労働者の方々においても、「これからの人生をどう生きるか」、「どのようにすれば満足のいく人生を送れるか」といったことなどを十分に考え、明るく幸せな未来に向かった、「キャリアデザイン」への積極的な取り組みが重要である。

また、我が国の平均寿命は年々伸び、人生１００年時代とまで言われるようになった。近年の高齢者においては、生涯現役をモットーに仕事やスポーツに打ち込んだり、仲間との交流を深めるためコミュニティーの場へ毎日のように足を運ぶ人も少なくはない。そして、高齢者においても自分の年齢に沿った目標や計画を立てることがとても大事であり、それに向かって精力的に行動していくことが、充実した生涯キャリアへの形成につながっていくのである。

ここで皆さんに、ぜひ提案したい。

先に、「ホスピタリティは人に喜びや幸せを与え、そして自らも喜びや幸せを得ることができる」と論じた。

自らも喜びや幸せを得ることができるのであれば、ぜひ自分をホスピタリティ溢れる人生にしてみてはいかがだろうか。

「ちょっとした気づかいや思いやりで人をもてなす」。

この、さりげないホスピタリティを日々の生活の中で習慣づければ、きっとあなたも「おもてなし上手」な人となり、多くの人から愛される「喜びと幸せに満ちた人生」を手に入れられるのではないだろうか。

人生は一度きりである。

そして、自分がどのような人生を歩むかどうかは自分次第で決まる。

多くの人を幸せにし、自分も幸せに生きていく。

この生き方、「キャリアデザイン」を後悔する人など、この世のどこにもいないと著者は信じている。

第7章

観光ビジネスの市場拡大とホスピタリティ教育

◎観光立国宣言とインフラ整備

訪日外国人旅行者増員計画と「おもてなし施設」

日本の人口は減少し国内経済の不安が募る一方で、政府はその対策として観光立国に向けての取り組みを宣言した。

2003年にビジット・ジャパン・キャンペーン「Visit Japan Campaign」、2007年に観光立国推進基本法の施行、更に2008年には国土交通省の中に観光庁を設けた。

観光庁は、2020年の訪日外国人旅行者数の目標を4000万人とし、2030年には6000万人を目指すことを発表した。

また、経済効果として2020年は8兆円、2030年では15兆円の訪日外国人旅行者による消費額を見込んでいる。

――訪日観光［インバウンド］――

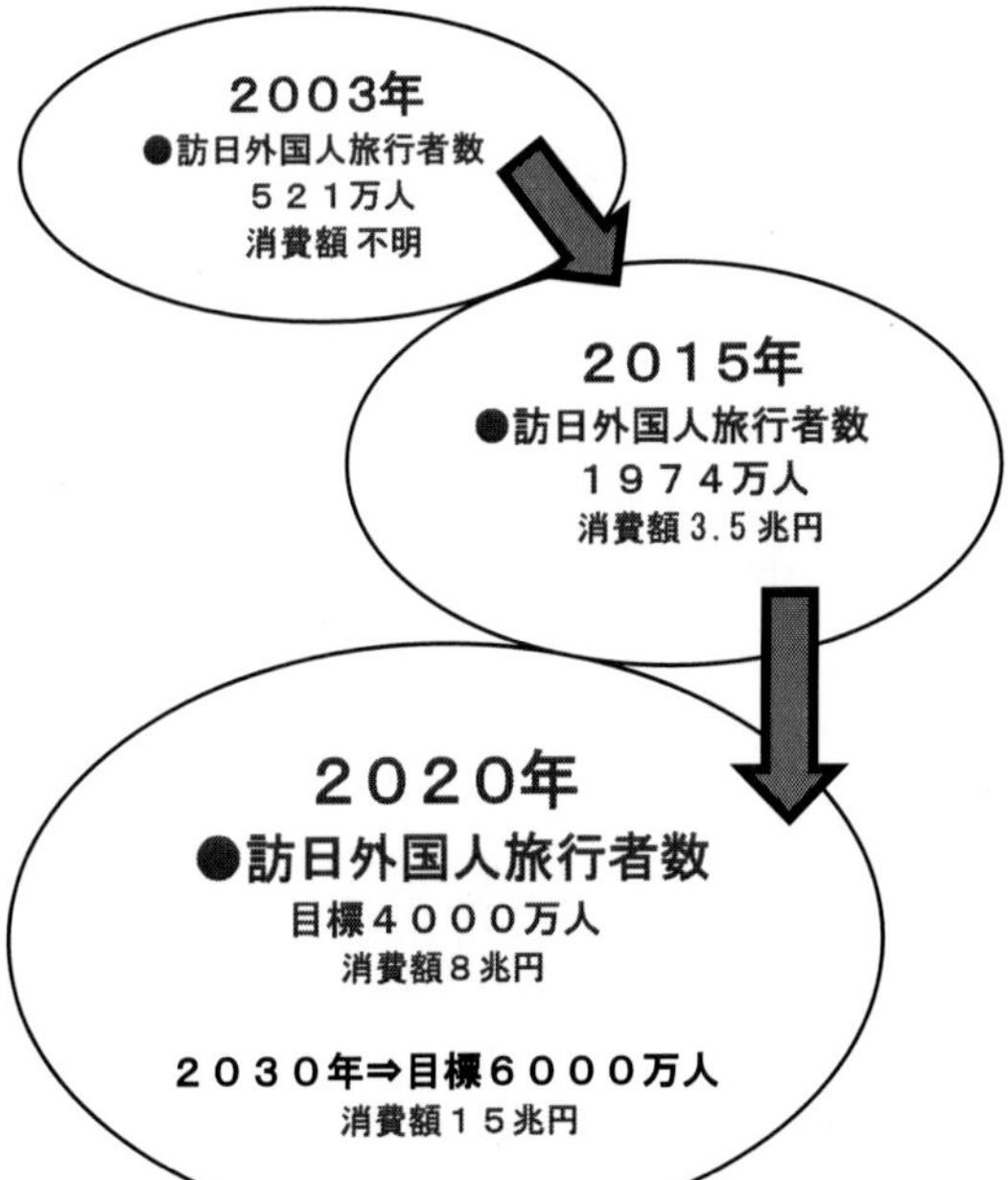

日本政府の主な取り組み

ビジット・ジャパン・キャンペーン 2003年
観光立国推進基本法施行　2007年
観光庁設置（国土交通省）2008年

２０２０年には東京オリンピック・パラリンピックが開催されることもあり、この４０００万人突破はそう難しくはない。

観光庁の統計調査によると、ビジット・ジャパン・キャンペーンが開始された２００３年の訪日外国人旅行者数は５２１万人であり、それに対して２０１８年は３１１９万人と大幅に増加している。

しかし一方で、急激に増加する訪日外国人旅行者の入国に伴い、交通機関や宿泊施設などのインフラ整備が急務となり、また旅行者をもてなす環境づくりや人材育成も大きな課題となっている。

主な業種としては、旅行者を目的地まで導くための、航空・鉄道・バス・船舶・タクシーなどの「運輸業」、ホテル・旅館・民宿・ペンションなどの「宿泊業」、旅行代理店・ツアーガイドなどの「旅行業」、またレストランやファーストフード店などの飲食業やサービス業、そしてスポーツ施設やレジャー施設といった、旅行者の快適な旅をサポートする「おもてなし施設」の整備が急務である。

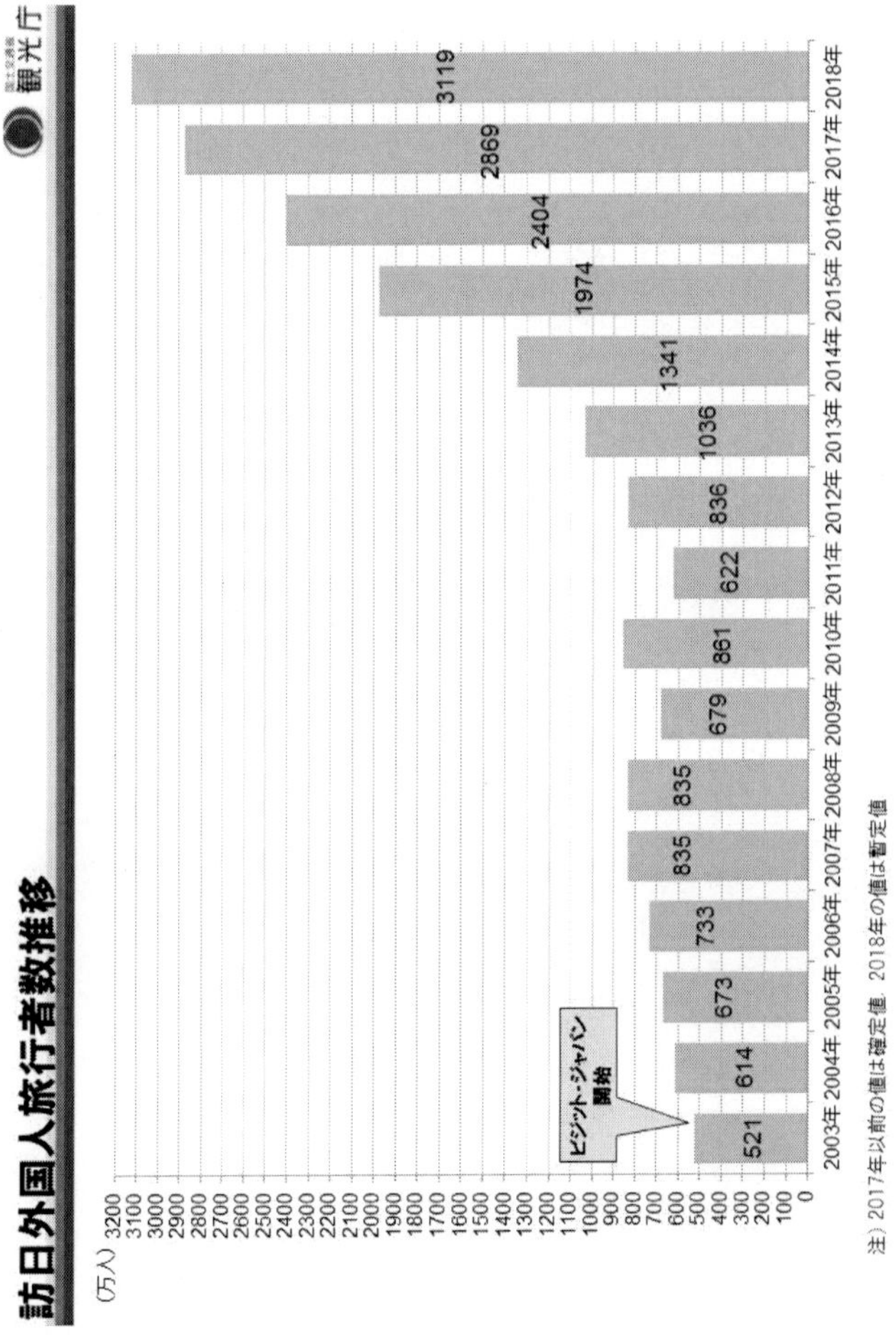
訪日外国人旅行者数推移
観光庁
(万人)
3200
3100
3000
2900
2800
2700
2600
2500
2400
2300
2200
2100
2000
1900
1800
1700
1600
1500
1400
1300
1200
1100
1000
900
800
700
600
500
400
300
200
100
0
ビジット・ジャパン開始
521
614
673
733
835
835
679
861
622
836
1036
1341
1974
2404
2869
3119
2003年
2004年
2005年
2006年
2007年
2008年
2009年
2010年
2011年
2012年
2013年
2014年
2015年
2016年
2017年
2018年
注）2017年以前の値は確定値、2018年の値は暫定値

急がれるホスピタリティ教育

「おもてなし人口」の拡充

訪日外国人旅行者の受け入れ施設さえ整備すればいい訳ではない。

そこには旅行者が快適に過ごせる環境が必要であり、多様なニーズに対応できる、「おもてなし」の実践力が求められる。

２０１６年に観光庁が観光ビジネスを営む企業に実施した調査では、「新入社員に身に付けてほしいスキル・能力は何ですか」という問いに対して、第1位が――礼儀や身だしなみなどのマナー、第2位が――社内でのコミュニケーション力、第3位が――顧客とのコミュニケーション力であった。

また、「大学の観光系の学部や学科・コースのカリキュラムの充実としてどのようなことを求めますか」の問いには、第1位が――社会人としてのマナー、第2位が――サービスに関する実務、第3位が――語学であった。

この観光庁の調査結果からも分かるように、観光ビジネスを営む企業では、礼儀やマナーを弁《わきま》え、高いコミュニケーション力やサービス実務の豊富な知識を持った、即戦力として期待できる人材を求めているのだ。

現在、観光庁が実施している人材育成の取り組みには、「産業界ニーズを踏まえた観光経営人材の育成・強化」として、⑴観光産業をリードするトップレベルの経営人材の育成、⑵観光の中核を担う人材の育成・強化、⑶即戦力となる地域の実践的な観光人材育成などがある。

また、「観光地域づくり人材育成支援事業」としては、⑴人材育成実践ハンドブックの作成、⑵人材育成ガイドラインの作成などを行っている。

しかし、これらの観光庁による取り組みは、観光をプロモーションするリーダーや人材育成に携わる経営者層向けのものが多く、またその内容は大学や企業が実施している人材育成の事例紹介及び調査報告などに留まったものが中心となっている。
これから観光ビジネスを志す人々にとっては、観光ビジネス関連の企業が求める人材育成の直接的な窓口となるような、より具体的で実践的な教育内容の展開に今一歩踏み込んで貰いたいと願うところではないだろうか。

政府においても観光立国を国策として掲げた以上、訪日外国人旅行者の増員計画だけではなく、それに伴った「おもてなし人口」の拡充にも目を向け、異文化コミュニケーションなどのプロトコール（国際儀礼）や、実践的なホスピタリティ教育の強化にも国を挙げて取り組んで貰いたいと願う次第である。

21世紀の基幹産業『観光ビジネス』にチャレンジ！

あなたも「おもてなしのプロフェッショナル」へ！

観光ビジネスへ就職や転職を考えている人には非常にチャンスである。

近年では、世界中で毎年10億人以上が国境を越えて旅行をする国際化の時代に突入している。それに伴い観光ビジネスへの需要も急速に高まり、また運営を担う人材もダイナミックに必要とされている。

我が国においても現在では、東京オリンピック・パラリンピック開催に向けて大掛かりなインフラ整備が行われている。運輸業や宿泊業をはじめ、旅行業や飲食業、またスポーツ施設やレジャー施設などの整備も目まぐるしい早さで進められていることは先にも述べたとおりである。

観光ビジネスでのフィールドワークは非常に幅広く、旅行の企画や販売、航空機や列車の客室乗務、空港や駅でのグランドサービス、ホテルのフロントやコンシェルジュ、名産品や民芸品の製造販売といったように業種によってその職務も様々である。
しかし、このような観光ビジネスに関わる企業に共通して言えることは、事業を成功させるには即戦力と成りうる優秀な人材の確保が大きな要件となることである。如何にしてゲストの心を掴むかといった、優れたホスピタリティの実践力が企業の生き残りの明暗を左右することになるのである。

読者の皆さんも、この本を通してホスピタリティに関心が深まったとするならば、21世紀の基幹産業として期待される観光ビジネスのステージに立ち、ぜひ「おもてなしのプロフェッショナル」へチャレンジしていただきたいと願う次第である。

観光ビジネス
[観光関連産業]
宿泊業
ホテル　旅館　民宿
ペンション　など
旅行業
旅行代理店
ツアーガイド
など
運輸業
航空　鉄道
バス　船舶
タクシー　など
◆主な観光資源◆
自然　温泉・山岳・海洋
文化　歴史的風土・民族文化財
産業　漁業・農業・林業・畜産
社会　都市・芸術・レジャー施設
スポーツイベント　など
飲食業
レストラン
ファーストフード
郷土料理　など
製造業
名産品　民芸品
土産品　など

第8章

世の中がホスピタリティに満ち溢れていく♪

◎『今、ここで！』ホスピタリティ実行の決断

タイミングが合ってこそホスピタリティが生きる

「ちょっとした気づかいや思いやりで人をもてなす」。

この、何気ない行動が人に喜びや幸せを与える。

しかし、この折角のホスピタリティもタイミング次第で結果は大きく変わる。

「今、ここで！」が、とても大事なのです。

人が何かを求めているとき、人が困っているとき、人が悩んでいるとき、そして人が苦しんでいるとき、如何にしてこのタイミングであなたが手を差し伸べるかなのです。つまり、〝その瞬間《とき》〟でなければ意味はないということである。

そして、このホスピタリティがときには人の命を救うこともある。

著者がまだ若く、ホテルマンとしてもまだ未熟だった頃の話をしたい。


ある日、出張のため地方から上京した中年のビジネスマンがホテルに宿泊した。

その男性は、深夜に客室用の浴衣を身にまとい、息も荒げにロビーに現れた。

そして、「一人で部屋に居ると何だか動悸がするんです。少しここで休ませてください」と訴えてきた。「救急車を呼びましょうか？」と著者は声をかけた。「いえ、よくあることなんです。すぐに落ち着きますから」と返され、著者は心配ながらも暫く様子を見ることにした。そして、三十分ほどするとその男性は、「もう大丈夫です」と言って客室へ戻っていった。確かに荒かった息は落ち着き、顔の表情も穏やかに見えた。

しかし、事件は起きてしまったのである。

翌朝、チェックアウトの時間が過ぎてもその男性はロビーに姿を見せなかった。著者は不安を感じながらもスタッフ数人とその男性の部屋を訪ねた。すると、やはり心配していたことが現実のものとなっていた。

男性はベッドの下に倒れており、そして既に帰らぬ人となっていた。

後にご家族から、「主人は狭心症だったのです」と伝えられた。
・・・・あのとき、もっと深く寄り添っておけば・・・・　・・・・あのとき、もっと・・・・と、動かぬ過去を悔やむ言葉が著者の頭の中を駆け巡っていた。

――そして、この出来事から三年ほど経ったときのことである――


ある日、少し様子の気になる若い女性がホテルに宿泊した。

チェックイン手続きの際の女性の表情はとても暗く、声も消え入るようにか細い。

そして、手にしている荷物は宿泊客としては不自然なほど少なかった。

皆さんはご存知だろうか。このような場合は要注意なのである。

ホテルといえば、一見華やかな世界だけのように見えるが必ずしもそうではない。

確かにこのホテルでは、結婚式や様々なイベントが毎日のように開催され、常に華やかな雰囲気で賑わっている。また、ハネムーン中の新婚さんなどにおいては、新たな命を授かる聖なる場所となることもある。

しかし一方で、非常に残念なことではあるが自らの命に終止符を打ちにくるゲストも存在するのだ。そのようなゲストは帰路のない旅のせいか、手にしている荷物の少なさが特徴となることが多い。

――三年前のことが著者の脳裏をよぎった。

また手遅れになってからではどうしようもない。著者は意を決し、他のスタッフに協力を求めた。「とにかくその女性客を一度部屋から退室させ、我々スタッフと対面するチャンスをつくりたい」と訴えた。状況を理解してくれた一人の女性スタッフが、その女性客の部屋へ電話をかけてくれることになった。「ラウンジでウェルカムドリンクをご用意していますので、ぜひ足を運んでいただけませんか？」と、スタッフの裁量で用意できるウェルカムドリンクサービスを活用した。

しかし、女性客は「ありがとうございます」とだけ告げ、一時間ほど経っても姿を現さなかった。著者は悩んだ。どうすればいいのだろう。ホテルスタッフがこれ以上客室に電話をかけたり、勝手に立ち入るようなことはできない。現在の著者ならば何とかコミュニケーションスキルを駆使し、ホストとゲストの関係を維持しながら問題解決の糸口を見つけることができるだろう。しかし、まだ若くホテルマンとしても未熟だった著者にはどうすることもできず、思案にくれていた。

――そして、また3年前のことが脳裏をよぎる。

著者は決断した。叱られてもいい。手遅れにならないうちに、「今、ここで！」やらなければ最悪の結果が待っているかもしれない。そう改めて意を決した著者は突拍子もない禁じ手に踏み入ってしまったのである。

「度々、申し訳ありません。お客様からお叱りを受けることは承知の上でお電話をさせていただきました。実はあの・・・あの・・・心配なんです。何か思いつめていらっしゃるように見えたものですから・・・」と、いきなり著者の胸の内を伝えたのだ。

暫く無言が続いた。・・・・・そして、すすり泣く声がわずかに聞こえてきた。

――その後、何とかラウンジに足を運んで貰うことに成功し、涙を拭いながらもその女性客は事情を話してくれた。結婚間近に養子縁組に関する親同士の話し合いがもつれ、その結果、婚約者とも自分の親とも不仲になってしまい、居場所を失った末、人生の最期の場所として辿り着いたのが婚約者との想い出があるこのホテルだったのだ。話を聞いているうちに既に一時間ほどが過ぎていた。しかし、まだ一人で客室へ帰すことに不安を感じていた著者は、「ホテル内の庭園をご案内します！」と気分転換に少し歩くことを促した。当然、宿泊客とホテルスタッフが施設内を一緒に散歩することなど決して許されない禁じ手である。しかし、もう後には引けない。

――――そして、暫く歩いているうちに女性客の気持ちは徐々に落ち着き、表情も少し明るくなった。すると不思議なことも起こった。庭園脇に設置されている自動販売機で温かいお茶を飲ませようと、女性客に好みの銘柄のボタンを押させたときのことである。今までに一度も並ばなかったラッキーナンバーがいきなり揃い、〝おまけの一本〟が当たったのである。

「あッ！ほら、生きていればいいこともあるじゃないですかッ！・・・」と思わず出てしまった著者の言葉に、女性客は初めて笑顔を見せてくれた。

そして、最後にその女性客は著者に約束をしてくれた。「明日の朝、ちゃんと生きて帰ります。ありがとう・・・」と、また微笑んでくれた。

翌日、著者にメッセージカードが届いた。チェックアウトの際、女性客が残していったものだった。そこには、「昨夜は声をかけてくださって本当にありがとうございました。もう一度ゼロからやり直してみます。このホテルに泊まり、そしてあなたに出会えたこと一生忘れません。あなたに救われた私は幸せ者です。さようなら。」と書かれてあった。その言葉に胸が熱くなり、涙が込み上げてきたことを三十年以上経った今も著者は忘れていない。

……………………………………………………………………❧

あのときの決断は間違っていなかったと著者は信じている。

禁じ手に踏み入ってしまった未熟者のホテルマンではあるが、自分にできる最大限の「急場のおもてなし」で、彼女の人生をつなぐことができたからだ。


そして、この出来事で確信したことがある。

それは、「今、ここで！」が最も大事だということだ。

今、このタイミングで行動を起こさなければ、ホスピタリティは生きないということである。

『さりげなくホスピタリティ』の極意

さりげなく〝カッコいい！〟ホスピタリティ

ここでは皆さんが、日々の生活の中ですぐに実践できるホスピタリティについて考えてみたい。

家族や友人、そしてゲストと成りうる全ての人を対象に、どんな「おもてなし」ができるかを考えていただきたい。

決して難しく考える必要はない。

「ちょっとした気づかいや思いやりで人をもてなす」。これだけでいいのです。

先にも論じたように、ただ電車やバスに乗り合わせただけの人、同じ場所に居合わせただけの人であっても、既に自分との関係性が生じており、自らの意識や行動次第で十分にゲストと成りうるのである。

しかし、著者にはホスピタリティを実践するにあたり、一つだけ〝こだわり〟がある。それは、あくまでも「さりげなく・・・」である。自分の行為に評価や感謝を求めたり、恩着せがましく目立つような振る舞いをしないということだ。

――誰かが喜べば、それだけでいい。

――誰かが楽になれば、それだけでいい。

――誰かが救われれば、それだけでいい。

――誰かが安心できれば、それだけでいい。

――誰かの涙が止まれば、それだけでいい。

――誰かに笑顔が戻れば、それだけでいい。

――誰かが幸せになれば、それだけでいい。

・・・・そして、自分はその場から静かに去ればいい・・・・

自分の行為を誇りに思えれば、他に何もいらない。

これが、著者の「さりげなくホスピタリティ」の極意である。

「さりげなく人をもてなす」。それが自然にできる人はとても素敵です。

次に、そんな素敵な人たちの「さりげなく〝カッコいい！〟ホスピタリティ」を紹介したい。全て著者の目を奪った、人の優しさや温もりを感じる事例である。

皆さんも、ぜひ参考にしていただきたい。あくまでも、「さりげなく・・・」です。

(例１) ✣席を譲るために無言で消えた人

皆さんは、電車やバスに乗っているとき、席を譲るかどうか迷ったことはないだろうか。席を譲ろうとしたけれど、プライドのためか「大丈夫です」と断る人も中にはいる。著者も、相手の年齢や身体の状態が微妙な場合に迷うことがしばしばある。

ある日、そのような微妙な人が電車に乗ってきたとき、何も言わずにさっと席を立ち、その場から消え去った男性がいた。

その男性は、譲られた人から見えないところまでいさぎよく消えていった。

そうすることで、一々礼を言わせることもなく、座るか座らないかの選択も譲られた人自身で決められる。そのような気づかいをした上での行動だったのだろうか。

（例２）✣重いドアを他人の分までキープしていた人

ファミリーレストランによっては、金属と厚いガラスを組み合わせた非常に重いドアがある。特に高齢者や子供にとっては、この重いドアを開けるのも一苦労である。ある日、お年寄りと小さな子供を連れた８人ほどの家族が入店する際、全員が通り抜けるまで重いドアを持ち続けていた男性がいた。その人はただ店から出ようとしていただけの人であり、決して店の従業員ではない。また、その人は無言ではあるものの優しい微笑みまでをキープしていたのである。

（例３）✣急いでいないからと順番を譲った若いサラリーマン

スーパーのレジで、食料品のいっぱい入ったカゴを重そうに持っていた主婦に、「あッ、自分は急いでいないので、よかったらお先にどうぞ！」と、軽く会釈をしながら順番を譲った若いサラリーマンがいた。「あら、すみません。ありがとう」と主婦はとても嬉しそうに礼を言いながら前に出た。自分の母親と同じような歳の主婦を気づかった、若者の優しさを感じる光景であった。

（例４）✤落とし物をした女性をシンデレラにした紳士

駅までの道のりを足早に歩いていたＯＬがハンカチを落とした。後ろを歩いていた洒落た装いの紳士がそれを拾い、「お嬢様」と声をかけた。突然のことに少しびっくりした表情で振り返ったその女性は、すぐに満面の笑みを浮かべた。

「後ろ姿に見取られていたら、シンデレラが落とし物をなされました」と、何とも言えないユーモアな言葉を添えて、ハンカチを差し出したのである。

（例５）✤ウェイトレスをかばった強面の男

注文とは違った料理が運ばれてきたとき、執拗にクレームをつける人が多いこの世の中で、強面の男性客は「自分のオーダーの仕方が悪かった」とウェイトレスをかばい、その間違って運ばれてきた料理を拒むことなく美味しそうに食べていた。よく見るとウェイトレスは、まだ入って間もない自信のなさそうな若い新人さんだった。

そして、その新人ウェイトレスがテーブルの皿をさげようとしたときには、強面の男は丁寧に皿の端を持ち上げ、さりげなくウェイトレスに差し出したのである。

(例6) ✣見ず知らずの子供に代わってコート整備する男性

テニスのクレーコートでは、退場する前に入念なコート整備を行わなければならない。ある日、小学生のジュニアプレーヤーがコート整備はめんどくさいと愚図り、母親が大きな声で説教をしていた。しかし、既に新たな利用者が入場する時間に差し迫っていた。その様子を少し離れたところで見ていた見ず知らずの男性が、設置されたブラシとホーキを持ってコートに入り、黙々と整備を始めたのである。すると、ハッ！としたジュニアプレーヤーは途端に愚図るのをやめ、コート整備を始めたのだった。

(例7) ✣幼い子供を抱っこして駆け抜けた男子大学生

都心の大きな交差点を、幼児とその母親が渡ろうとしていた。しかし、途中で信号が黄色に変わり、その親子は急いではいるものの既に信号は赤になってしまった。

交差点を渡りきるにはまだかなりの距離があった。そして、大きなエンジン音と共に車が親子に迫ってきた。その瞬間《とき》である。前を歩いていた男子大学生がとっさに後ろの親子に駆け寄り、その幼児を抱っこして交差点を駆け抜けたのである。

（例８）✣一流の「おもてなし力」を持ったおばさんプレーヤー

真夏の猛暑日に、テニスコートに現われた50代のおばさんプレーヤーは、「家にいっぱいありすぎて困るのよッ」と言いながら、冷凍庫でギンギンに冷やしたスイカやナシを持参し、コートサイドの皆に振舞った。食べやすいようにと爪楊枝付きである。

また、タイミングよく「これで手を拭いて」と、これまたしっかり冷えたオシボリを差し出してきた。そして最後に、「ハイ、食べかすと爪楊枝をここに入れて！」とゴミ袋を広げ、皆のところを歩いて回ったのである。完璧な「おもてなし」であった。

（例９）✣初心者を「優しくもてなす」女子中学生

ある体育館でバドミントン初心者の親子が、隣で上手にプレーしていた女子中学生に、「ラケットの持ち方や基本的な打ち方を教えて貰えませんか？」と声をかけた。すると女子中学生は快く、「一緒に練習しましょう！」と丁寧にプレーの手ほどきをしてくれた。それは、とても中学生とは思えないほど優しいものだった。そして最後に、「疲れたときはこれが一番です！」と、チョコレートまで食べさせてくれたのである。

『さりげなくホスピタリティ』が世の中を変える

アルフレッド・アドラーが遺した「幸せへの名言」

幸せな人生を送りたいと誰もが願っている。

いつまでも健康であり、趣味やスポーツを通して多くの仲間と出会い、楽しく生き生きとした日々を過ごしたい。

では、どうすれば幸せに満ちた人生を手に入れられるのか。

オーストリア出身の偉大な心理学者、アルフレッド・アドラーが遺した名言の幾つかを紹介したい。

アドラー心理学においては、人が幸せを感じるときとは、「貢献感」を得られたときであるとしている。つまり、人や社会に尽くしたり、役立つことができたと思えたときに幸せを感じることができるというのだ。

♕♕♕♕♕♕ ―― アルフレッド・アドラーが遺した「幸せへの名言」 ―― ♕♕♕♕♕♕

❊どうしたら皆を喜ばすことができるかを毎日考えるようにしなさい。そうすれば憂鬱な気持など吹き飛んでしまう。反対に自分のことばかり考えていたら、どんどん不幸になってしまう。

❊判断に迷ったら、より多くの人間に貢献できる方を選べばいい。自分よりも仲間たち、仲間たちより社会全体。この判断基準で大きく間違うことはまずないだろう。

❊人を褒めるのではない。「ありがとう助かったよ」と感謝を伝えるのだ。人は感謝される喜びを体験すれば自ら進んで貢献を繰り返すだろう。

❊自分だけでなく仲間の利益を大切にすること。受け取るよりも多く相手に与えること。それが幸福になる唯一の道だ。

✼幸せの三要素は、自分自身が好きかどうか。よい人間関係を持っているかどうか。そして、人や社会に貢献しているかどうか。

✼苦しみから抜け出す方法はただ一つ。他者を喜ばせることだ。自分に何ができるかを考え、それを実行すればいい。

✼他人からの賞賛や感謝など求める必要はない。自分は世の中に貢献しているという自己満足で十分である。

✼「自分は役立っている」と実感するのに、相手から感謝されることや、褒められることは不要である。貢献感は「自己満足」でいいのだ。

やはりこれらの名言には、人や社会に尽くしたり喜びを与えたりすることが、自分の幸せにつながるという意味が込められている。

そして、その行為に賞賛や感謝を求めるのではなく〝自己満足で十分である〟としているところが印象的である。――つまり、「さりげなく・・・」なのである。

人の喜びが自分の幸せになり世の中の幸せとなる

あなたも、この「さりげなくホスピタリティ」で多くの人に喜びや幸せを与え、そして自らも、「喜びと幸せに満ちた人生」を手に入れてみてはいかがだろうか。

あなたから喜びや幸せを貰った人は、きっとまた誰かにあなたと同じように、「さりげなくホスピタリティ」でその感動を伝えていく。

そして、いつかきっと世の中はホスピタリティに満ち溢れていくのです――。

あとがき

―― 読者の皆様の「喜びと幸せに満ちた人生」を願って ――

読者の皆様、本書を最後までお読みいただき心から感謝申しあげます。

近年では、ＩＣＴ（情報通信技術）やＡＩ（人工知能）の研究開発が目まぐるしく進み、その最先端の技術が我が国最大の課題である、高齢社会で活かされることに期待が高まっています。

既にＡＩ（人工知能）を導入しているサービス業などにおいては、何ヶ国語もの言葉でコミュニケーションがとれるロボットを採用し、接客スタッフの一員として業務に就かせているところも存在します。

また、慢性的な人材不足が懸念されている医療や介護現場などにおいても、その活躍が切実に待ち望まれているところです。

一方、格差社会が加速し生活水準の差が極端に目立つようにもなりました。

格差が拡大すれば人々の間に共感や連帯感が失われ、お互いに声をかけ合う機会も減少していきます。

このように様々な技術の発展に期待が高まる一方で、人と人との〝ふれあい〟や、人が共に生きていくために最も大切な〝コミュニケーション〟までもが、希薄なものとなってしまうことが危惧されます。

人と人との〝ふれあい〟から生まれる、「温もり」「安心感」「信頼感」「幸福感」などは、やはり人が介在しなければ創出することはできないのです。

日々の生活の中において、ちょっとした気づかいや思いやりで人をもてなす。

この、「さりげなくホスピタリティ」が世の中をもっと温かく、そして誰もがもっと生きやすい世界へと変えていくはずです。

この本を読んでくださった皆様の、ホスピタリティ溢れる「喜びと幸せに満ちた人生」を心より願っています。

著者プロフィール

井口 晴雄（いぐち はるお）

ホスピタリティコンサルタント　キャリアコンサルタント

法政大学文学部卒業　日本体育大学大学院博士課程前期修了
1959年 兵庫県生まれ

■所属学会
日本観光ホスピタリティ教育学会　日本キャリアデザイン学会　他

言語コミュニケーションを主軸とした専門学校や大学などの教育機関で、グローバルで多様化したビジネスステージで活躍できる人材育成に取り組む。主に観光ビジネスフィールドで求められる実践的なホスピタリティ教育を行う。近年ではホスピタリティがもたらすキャリア形成に着目し、ワーク＆ライフの総合的なキャリアコンサルティングにも尽力する。

ホテル勤務時代は宿泊営業マネージャーを歴任後、新規開業責任者として大手ホテルグループの全国展開を成功させる。また地方公共団体において、地域資源を活かした産業観光プロモーションの推進や市民サービスの質的向上に取り組み、地域の活性化に貢献する。

さりげなくホスピタリティ

2019年12月25日　　初版発行

著　者　井口　晴雄

定価（本体価格1,900円+税）

発行所　株式会社　三恵社
〒462-0056 愛知県名古屋市北区中丸町2-24-1
TEL 052(915)5211
FAX 052(915)5019
URL http://www.sankeisha.com

乱丁・落丁の場合はお取替えいたします。

ISBN978-4-86693-171-5 C0012 ¥1900E